MOEURS D'ALGER.

JUIVE

ET

MAURESQUE.

Par H. Bonnelier,

ANCIEN SECRÉTAIRE DE L'INTENDANCE GÉNÉRALE EN ALGER.

> Le roman historique, sous la plume d'un honnête homme, est encore de l'histoire.
>
> (LETTRE DE FEU M. DE SÉGUR.)

PARIS.

—

M.D.CCC.XXXIII.

Imprimerie de P. Baudouin, rue Mignon, n. 2.

siége de Toulon, que la mémoire la plus ingrate du village pouvait faire avec la même fidélité historique que le vieux militaire, tant il avait pris à tâche depuis vingt ans de le répéter avec assiduité et sans la plus légère variante ; le capitaine, de son côté, ne trouvait plus des charmes bien vifs dans un certain sujet d'entretien que M. le curé affectionnait, selon lui, outre mesure.

Ce sujet n'était point la littérature : le prêtre en parlait peu, mais toujours avec goût et agrément : ni l'histoire ; chacun appréciait, et le vieux militaire plus que personne, la solidité et l'étendue de son instruction, la justesse de ses vues, la finesse de ses aperçus : ce n'était pas la médecine, qu'il savait fort bien, mais qu'il se contentait d'exercer gratuitement et avec prudence :

JUIVE
ET
MAURESQUE.

Ouvrages de M. Hippolyte Bonnellier.

Publications récentes :

CALOMNIE, un vol. in-8.
LA PLAQUE DE CHEMINÉE, un vol. in-8.
UNE MÉCHANTE FEMME, un vol. in-8.

Déjà parus :

MÉMOIRES SUR L'ÉPIRE ET L'ALBANIE, deux vol. in-8.
LA FILLE DU LIBRAIRE, un vol. in-12.
URBAIN GRANDIER, un vol. in-12.
GUY-ÉDET OU LA LIGUE EN BASSE-BRETAGNE, trois vol. in-12.
LES VIEILLES FEMMES DE L'ILE DE SEIN, deux vol. in-12.

IMPRIMERIE DE P. BAUDOUIN,
rue et Hôtel Mignon, n. 2.

Mœurs d'Alger.

JUIVE

ET

MAURESQUE.

PAR

Hippolyte Bonnellier,

ANCIEN SECRÉTAIRE DE L'INTENDANCE GÉNÉRALE EN ALGER.

> Le roman historique, sous la plume d'un honnête homme, est encore de l'histoire.
> (LETTRE DE FEU M. DE SÉGUR.)

PARIS.

SILVESTRE,	P. BAUDOUIN,
rue Thiroux, 8.	rue Mignon, 1.

1833.

Sceaux-Penthièvre, 28 juillet 1830.

Rarâ temporum felicitate ubi sentire quæ velis et quæ sentias dicere licet.

Tacit. *Hist. lib.* 2.

Vous savez, Monsieur, combien il m'en a coûté pour laisser produire devant le public un *roman* de ma composition sur Alger, avant que mes *Lettres à un Conseiller d'Etat* n'eussent été publiées. Connaissant la saisissante actualité de la question *algérienne*, pénétré du puissant intérêt qu'elle inspire, il me répugnait de laisser croire que ma vive participation à cet intérêt n'aurait pour résultat que de m'inspirer le tableau d'une *fiction ;* renonçant ainsi à l'étude sérieuse d'un pays sur lequel le peuple français a versé déjà beaucoup d'or, beaucoup de sang, et qui éveille à un si haut degré la sollicitude nationale.

Vous avez, Monsieur, combattu mes répugnances avec une bienveillante persévérance; vous m'avez fait entrevoir que la publication de l'ouvrage annoncé ci-dessus, fût-elle plus tardive encore, ne saurait perdre de son utilité pour avoir été précédée par un roman, ni celui-ci être privé de l'estime des lecteurs, par cela seul qu'il attesterait, sous une forme supposée mensongère, la connaissance qu'il m'a été permis de prendre de notre établissement en Alger. Soumettant d'ailleurs, avec une grâce parfaite, les obligations que m'impose notre traité à mon libre arbitre, vous en avez appelé uniquement à mes convenances personnelles.

Vous aurez donc raison devant

moi, — sinon devant le public. Voici mon livre, auquel je donne pour titre : *Juive et Mauresque.*

Il est bien vrai, — et l'obligeance de votre jugement l'avait prévu, — que je me suis fait un devoir de copier les lieux et les hommes, de rappeler les usages et les mœurs, de citer même les faits avec une fidélité..... j'allais dire d'historien; il n'y a pas jusqu'au sujet de mon drame qui ne s'appuie sur la vérité.

Le *Moniteur algérien* du 27 janvier 1832, contient cette note :

« Par décision de M. l'intendant civil, du 26 de ce mois, M. C***, membre de la cour de justice, a cessé de faire partie de cette cour.

« M. C***, après avoir entretenu un commerce illégitime avec des femmes maures, a reçu ces femmes qui avaient quitté leur famille, et les a tenues cachées trois jours dans sa maison. »

La gaucherie de la rédaction de cette note, et la maladresse de son insertion, n'ôtèrent rien à l'intérêt qui résultait du fait qu'elle signalait. Avant la décision de l'intendant civil, il y avait eu arrestation violente et incarcération; peu après, l'embarquement forcé du sieur C***. Le bruit courut que les trois *Mauresques*, confiées par le général duc de Rovigo à l'aga de Coléha, avaient été massacrées par l'Algérien dont elles avaient déserté la maison.

Certes, tout en satisfaisant aux convenances qui prescrivaient de voiler la nudité du fait lui-même, il restait encore un drame dont le pinceau pouvait animer les teintes et grouper les accessoires, sans pour cela froisser la justice administrative, ni les égards que l'on doit à la chose jugée dans la personne du condamné.

Après cela, Monsieur, acceptez comme éditeur, avec une confiance entière, la responsabilité du blâme que je déverse sur certains personnages, et des éloges que je me fais un plaisir d'adresser à d'autres. Dans ma censure comme dans mon approbation, le ressentiment ni la sympathie privés n'entrent pour rien; et comme il y a autant de sottise ou de mauvaise foi à louer un indigne, que de turpitude à dénigrer les actes intelligens et purs d'un homme honorable, vous pouvez être assuré que ni l'un ni l'autre tort ne me conviennent et ne me seront justement reprochés. D'ailleurs, je n'ai pas laissé faire à tous mes souvenirs, à toutes les idées qui se pressaient sous ma plume; j'ai dû réserver pour un ouvrage plus spécial et d'une tendance plus sérieuse, l'examen approfondi des faits qui, à leur insu peut-être, sont passés sous mon regard, et l'analyse inflexible de certains caractères dont le hideux égoïsme a la voracité du vampire, et nourrit son existence de l'existence d'autrui. Le moment venu, sans arrière-pensée comme sans timidité, je fortifierai mon intention par cette maxime d'un pape, *Grégoire: Melius est ut scandalum oriatur quam ut veritas taceatur*; car le scandale, Monsieur, n'est, dans ce cas, que le bruit de l'opinion qui fait justice; et la forme de notre gouvernement veut que l'opinion, éclairée par une enquête loyale et contradictoire, ait aussi son pilori pour les hommes publics, afin que leur mauvaise foi y soit clouée au milieu de l'ineptie du mensonge et de l'intrigue.

Cette tâche de *justicier* est ingrate et sujette au repentir; car, pour l'acquit de la conscience d'abord, il est difficile de se livrer sans péril d'égoïsme et d'iniquité, à l'observation des individualités; puis, la crainte de paraître affecter l'allure de ces *tourmenteurs* publics, *sergens de ville de l'opinion*, sans cesse en travail d'enquête, en flagrant délit de diffamation, toujours disposés à dire aux malheureux qu'ils flétrissent : *De quoi vous plaignez-vous ? vous n'êtes point égorgés.* Ainsi disait Catilina.

Tout en observant, Monsieur, cette pensée de *Martial* : *Parcere personnis, dicere de vitiis*, il me resterait bien une autre crainte, celle d'offenser quelque homme du pouvoir, quelque individualité constituée en dignité et en place; car, vous l'aurez entendu dire bien souvent, ces gens du pouvoir ne se croient ordinairement pas obligés à plus de justice que d'humanité : ils accablent fièrement un homme faible, sans répondre à personne de leur inique brutalité; sur les moindres prétendues convenances d'intérêt ou de position, ils le balaient devant eux; il peut arriver même qu'ils diffament et déshonorent sans droits, sans raison, sans colère, uniquement parce que cela les arrange, et qu'ils ont rencontré un homme à opprimer; puis, que le disgracié se plaigne, qu'il prouve hautement les torts de celui qui l'a condamné : *Il manque au respect, aux bienséances, il fait une inconséquence.* On dit cela, parce que les hommes se courbent par habitude, par une sorte de déférence héréditaire, devant une autorité qui date de loin, ou se manisfeste de haut. Mais je braverai volontiers la morgue ridicule de ce reproche, et une fois arrivé, dans mes *Lettres à un Conseiller d'État*, à la page des explications, j'y parlerai sans crainte, hautement et en face, à tous ceux dont j'ai retenu les faits et les noms.

Après avoir mis certaines personnes dans le cas de prendre acte et date de mes intentions, j'aurai, Monsieur, à vous exprimer de nouveau le regret de ne pouvoir céder à vos obligeantes instances, en traçant ici, sous la forme de l'introduction, l'examen raisonné de la situation des Français en Afrique, des différens systèmes suivis ou proposés par l'administration. Un pareil examen serait, à lui seul, un corps d'ouvrage; car les projets, les récriminations, les plaintes, les conflits, les tentatives, les déceptions, les arrière-pensées, les mauvais vouloirs, la faiblesse, l'ignorance et l'avidité, formeraient, dans cette question, des têtes de chapitres que bien des pages suffiraient à peine à développer convenablement. D'ailleurs, il serait encore impossible de tracer un résumé, ni de poser des conclusions : les matériaux se multiplient chaque jour ; le moment n'est pas venu de niveler les contradictions, d'équilibrer les moyens ; il faut accepter les conséquences du tort d'ignorance du pouvoir exécutif, qui en est encore à tâtonner, à essayer ; et la loyauté nous réduit même à savoir gré aux ministres de ces tâtonnemens et de ces essais d'aujourd'hui. Il est mal de ne faire le bien que tard ; il serait encore plus mal de ne vouloir le faire jamais. Le patriotisme inspire donc la pensée de ne point faire obstacle aux recherches du pouvoir par une inopportune intolérance contre des torts passés, mais plutôt de les éclairer, *fût-ce malgré lui-même, s'il était capable d'oser essayer déteindre le flambeau de la publicité*, sauvegarde des droits de tous, et dans toutes les positions de la vie, moyen de protection le plus réel de tout homme qui, estimable, veut être estimé.

Puis, il faut en convenir, une partie des embarras qui ont comprimé le développement colonial sur la terre d'Alger, tient à des causes dont le gouvernement romain eut aussi à souffrir. Au plus beau temps de la domination romaine en Afrique, des tracasseries interminables furent suscitées entre les proconsuls, le gouvernement central et les indigènes : les Anglais s'en seraient bien souvenus, s'il est vrai (comme me l'a affirmé l'agent consulaire d'une puissance matitime) qu'ils aient reconnu en 1816, l'impossibilité d'une domination *individuelle* sur le sol africain, et qu'ils aient proposé à la Russie et à la France de coloniser ce pays *européennement*. M. Decazes, alors premier ministre de Louis XVIII, aurait refusé, au nom du cabinet français, et d'après ce refus, lord Exmouth se serait contenté d'envoyer ses boulets sur la capitale algérienne. Je me souviens avoir questionné M. le duc Decazes sur la vérité de ce fait important; il le nia; mais, en pareil cas, la dénégation est de convenance : *les secrets ministériels* ne doivent pas mourir avec le ministre, mais avec l'homme.

Vous comprendrez parfaitement, Monsieur, que j'écourte ici mes idées, devant les reproduire largement, lorsque, dans mes *Lettres* j'entrerai, comme il me convient de le faire, dans l'analyse de la question d'Alger.

Toutefois, je ne m'abstiendrai pas de déplorer la brutale iniquité de M. *Soult*, qui travaille à désaffectionner d'une pensée nationale des hommes qui, avec, des aptitudes diverses aurait pu en seconder le progrès (1).

(1) Entre autres personnes, si injustement repoussées par le ministre Soult, je me plairais à citer l'ex-sous-intendant civil en Alger, qui, aujourd'hui encore, reste, je crois, sans emploi. M. *Barrachin*, introduit dans l'administration, sans y avoir aucuns précédens, a dû y faire des fautes ; la plus notable qu'il ait commise fut celle de ne pas observer la limite de ses pouvoirs ; mais ce tort d'ignorance, qu'aurait fait cesser un avis précis sous la forme d'*instruction*, était largement compensé par de l'énergie, un grand dévouement et une probité à laquelle nos administrateurs de tous les rangs ont trop peu habitué les Maures, pour que celle de M. Barrachin ne fût pas appréciée.

Je ne puis croire que certaine *note en encre rouge*, écrite par *je ne sais qui*, sur un chiffon de papier, et reniée par les employés des ministères de l'intérieur et de la guerre, suffise avec l'*opinion* écrite de *M. Pichon*, opinion si évidemment inconséquente ou menteuse, pour éloigner à tou-

L'illustre lieutenant de Napoléon a disparu : il ne nous est donné de connaître désormais qu'un ministre *tripotier*, sans aucune vue gouvernementale, usé, mais non blasé ; car sous son enveloppe véritable peau de chagrin, fermente une passion désordonnée et insatiable, l'avidité. M. Soult, avec sa volonté brusque et *casernière*, ne parviendrait pas même à faire croire à la haute énergie de son caractère. Il mendie l'indulgence des commissions du budget, il est à la merci des plus misérables intrigailleries, qu'elles partent de ses appartemens ou de ses bureaux ; et dans l'activité de ce vieux corps, qui a secoué les lauriers de sa

jours des emplois un homme intelligent, qui a porté honorablement le nom Français dans les troupes persannes, et, à des titres dignes d'un meilleur souvenir, avait obtenu, en 1830, la confiance du ministre de la guerre.

(*Note de l'Auteur.*)

gloire passée pour *revêtir* la poussière bureaucratique et ministérielle, il ne faut pas chercher l'inquiète préoccupation du génie, mais la manie de faire, d'agir et de commander. L'histoire, du reste, ne prendra pas la peine de demander compte à sa *présidence*.... plus généreuse que l'actualité, qui a ses représailles : elle ne burinera que les actes de *l'administrateur* en Espagne, du général d'*Austerlitz*, et du héros de *Toulouse*.

Je ne perdrai pas non plus l'occasion d'émettre ici le désir bien sincère de voir accueillir par le roi, par le prince royal, dont les intentions sont lucides et généreuses, par les membres patriotes de notre chambre législative, les idées qui devront concourir à indemniser la France du sang, de l'or et du temps dépensés sur le sol d'Alger, après cela, Monsieur, pour votre satisfaction comme éditeur, et pour la mienne comme écrivain, je fais le vœu que les lecteurs de *Juive et Mauresque* veuillent bien, dans leur indulgence, m'appliquer cette pensée que feu M. le comte de *Ségur* m'adressait, à propos de mon ouvrage sur *la ligue en Basse Bretagne* : « *Le roman historique, sous la plume intelligente d'un honnête homme, est encore de l'histoire.* »

Agréez, je vous prie, Monsieur, l'expression de ma considération distinguée.

HIPPOLYTE BONNELLIER,

Ancien secrétaire du gouvernement provisoire de 1830.

. . . .

Ancien secrétaire-général de la première intendance civile, en Alger.

Accords avec le Diable.

— « Ton nom ?
— Simon Barsia.
— Né à Naples ?
— A Malte.
— Tant pis.
— C'est ce que j'ai souvent entendu dire.

— Tu serais donc mon interprète ?

— S'il plaît à votre seigneurie.

— A la bonne heure; mais ce qui plaît par-dessus tout à ma seigneurie, c'est d'avoir auprès d'elle un homme sur lequel elle puisse compter.

— Pour trouver plus perfide qu'un Maure, il faudrait avoir bien du malheur.

— Cependant Simon Barsia est Maltais.

— Oui; — mais Simon Barsia craint la loi.

— Et le Maure ?

— Le sabre qui le frappe. — C'est craindre trop tard.

— Je comprends : tu as par-dessus lui la prudence.

— C'est assez pour faire vivre long-temps.

— Simon Barsia, tu me conviens. — Tu as l'œil investigateur; — et fusses-tu fripon, — un adroit coquin n'est quelquefois pas sans utilité. »

Des deux hommes qui se présentent en scène, l'un est maître, — l'autre est un homme à gage. — Le premier, aux traits réguliers et nobles, au teint légèrement basané, aux cheveux noirs et bouclés, indique, par le jeu musculaire de son visage, par ses protubérances cérébrales, un penchant aventureux et observateur; son œil, habilement enchassé, exprime l'élévation des idées et la bravoure; sa voix, nettement accentuée, marque bien tous les tons, et la vérité de son geste accompagne heureusement sa parole. Il a vingt-six ans. Son instruction, variée et forte, lui permet de trouver dans les vicissitudes des positions sociales l'occasion de s'utiliser dans mille emplois contraires : il est, par ses facultés acquises, de toutes les professions qui demandent des connaissances spéciales, et est habitué à recevoir des événemens une sympathie pour celle du moment. Son nom est Robert Cowel; descend-il de ce beau Robert Cowel qui fit les délices d'une reine? Je ne le crois pas, bien qu'il soit d'origine anglaise.

Quant à son interlocuteur, Simon Barsia, Maltais et interprète, c'est un de ces hommes dont le type se retrouve avec la nuance des lieux, dans les couvens et dans les bagnes. Son teint est plombé, son nez droit, ses lèvres plates et pincées, sa bouche, caractérisée par deux rides moqueuses, se contracte pour dissimuler un sourire de dédain qui lui est familier; ses yeux, grands et bien fendus, couverts d'un épais sourcil, sont d'un noir de suie, — ils expriment une préméditation permanente, une arrière pensée native sur la chose faite et sur celle à faire; inquiets et timides sous l'influence d'un regard d'homme, ils ont de la fixité sur les objets : symptôme réel de convoitise et d'avidité.

Robert Cowel est juge au tribunal d'Alger. Juge, parce que de toutes les fonctions celle-là aurait dû lui paraître la plus incompatible avec ses précédens, et qu'elle manquait à la singulière bigarrure de son existence; juge, au reste, en vertu d'un *arrêté* inséré au Moniteur algérien, — juge au milieu d'une magistrature ébahie de se connaître une capacité judiciaire, et rêvant, sur sa chaise boiteuse et mal empaillée, les vanités de la chaise curule ou du fauteuil ci-devant fleurdelysé.

Alger, l'ancienne île *Al-guisars*, que les Arabes réunirent au continent, que l'antiquité connut sous le nom de *Jomnium*, et que la famille de ces fondateurs appelle de son nom national *Gezir-bene-Mozana*, Alger, encore appelée aujourd'hui *Al-jelzirs alguzie* (Alger la Guerrière) venait d'être la conquête inattendue d'une armée française. Nos soldats, en laissant reposer leurs armes sur le sol africain, avait crié : *Colonie!* sans en avoir reçu l'ordre; et le cabinet français s'enrichissant d'une idée, qui ne fut, certes, pas le principe de l'expédition, se laissa faire propriétaire en Afrique, du vœu des troupes et de la France, qui, comme l'armée, avait crié : *Colonie!*

Ainsi, le sol historique de la sauvage Numidie, qui, dans une seule guerre, pendant l'invasion des Vandales et les conquêtes de Bélisaire, servit de sépulture à cinq millions d'hommes, ainsi la métrople des provinces barbaresques devenait, du fait de M. de Bourmont, province française! — Deux chefs militaires, à la distance de douze siècles l'un de l'autre, auront assis la victoire et la conquête sur la terre d'Afrique : *Bélisaire* et M. *de Bourmont!* le vainqueur de Carthage et le fuyard de Waterloo! L'histoire, aussi bien que les arts, se plaît dans les contrastes.

Pour Robert Cowel, il pouvait, en artiste penseur, parfaitement apprécier la physionomie de la nouvelle possession française; — et dans le choc inévitable des lois, des mœurs, et du savoir contre l'ignorance, de la civilisation contre la barbarie, il s'était promis des observations piquantes où son errante imagination trouverait à se fixer un instant.

Depuis trois jours seulement Robert était débarqué dans la capitale de la Régence algérienne ; ses yeux, encore fascinés par le cauchemar qui vous saisit, — bien qu'éveillés —, au premier aspect de cette ville, n'avaient point déterminé les couleurs, les formes, la nature des lieux et des hommes au milieu desquels il allait vivre. Il lui fallut donc d'abord familiariser ses regards avec les tons de la lumière, et sa pensée avec l'expression des objets. Un guide lui était nécessaire, il agréa les offres de service de Simon Barsia.

« Monsieur n'est pas marié ? » demanda le guide interprète.

« Non : pourquoi cette question ?

— Alors, monsieur s'ennuiera dans ce pays. » Et la physionomie équivoque de Simon disait mentalement : *Alors, je gagnerai avec vous beaucoup d'argent.*

« Vous me menacez déjà de l'ennui ? — reprit le Français, — n'y a-t-il ici rien à

observer, rien à voir, rien à analyser ?....
Le développement de l'influence française,
le progrès des opérations coloniales, le contraste bizarre produit par le contact des
mœurs d'Europe avec celles d'Afrique....
tout cela ne peut-il pas m'occuper? Et
l'exploration des différens paysages qui sans
doute enrichissent les sites voisins... et les
femmes !... »

Le Maltais avait souri, presque de pitié,
à l'énumération des ressources que Robert
se promettait pour alimenter ses idées;
mais lorsqu'il entendit cette dernière exclamation : *et les femmes!* son visage se composa aussitôt pour exprimer une pensée sérieuse.

« Oh ! les femmes, monsieur, je parle
de celles qu'un Français prudent et sage
peut désirer connaître, — les femmes, leur
fréquentation est impossible.

— Dieu m'assiste alors, » répliqua le
jeune homme en souriant. Il congédia pour

quelques heures son nouveau commensal, et monta sur la terrasse de sa maison, située à mi-côté de la rue de la Cassaba (1).

(1) Le panorama d'Alger, de M. Langlois, est l'œuvre d'un grand artiste; mais il s'y trouve des défauts notables dans la perspective et le coloris : le point de vue perd beaucoup étant subitement arrêté au sud par la maison de *Lala-Aïché,* la fille du dey, qui domine tous les bâtimens de la *Cassaba,* dont elle dépend. L'amphithéâtre que forme la ville, par rapport à la mer, ne pouvant être *senti* du point où est placé le spectateur, le serait si la maison dont je parle ne cachait la campagne et les *ville* mauresques étagées au-dessous du fort de l'empereur, et s'étendant jusque par-delà les casernes de Moustapha-Pacha : ce point de vue eût offert certainement plus d'intérêt que celui terminé au nord par le *fort des Anglais*, qui est à peine distinct.

Mais la remarque la plus unanimement faite par les personnes qui ont résidé à Alger, c'est que M. Langlois a trop laissé faire à l'imagination de son pinceau, au brillant de ses couleurs : *c'est trop beau!* s'écrie-t-on aussitôt. Le ton général du tableau est

O le vaste théâtre! le beau spectacle! la grande poésie de la nature et de l'histoire! de la nature, dans les lieux eux-mêmes; de l'histoire, dans les souvenirs! O cette mer si houleuse, qui a roulé tant de mille ans sur les sables de ses abîmes ou sur les rocs de ses rivages tant de débris, tant de cadavres! et là bas, au loin, ces promontoires, ces caps, ces monts, véritables tertres tumulaires élevés si haut, comme pour suffire à couvrir les monceaux de générations absorbées par les temps!... O le présent et le passé! — mais surtout le passé! car si dans ce lointain, dans les profondeurs de cet atlas, subsistent des races douées encore de l'énergique instinct de la race primitive... la pen-

trop vif : en Alger, la nature est moins riche, les effets de lumière y sont plus uniformes, les tons plus mats. — La difficulté à vaincre dans tous les arts d'imitation, consiste à ne pas faire mieux que la nature; car alors c'est faire plus mal.

(*Note de l'auteur.*)

sée elle seule peut les saisir, l'œil ne les voit pas; — et, sous son regard, que tient-on? des ruines et des Algériens!

Robert Cowel sentit, au premier regard, son esprit s'élever à hauteur d'inspiration; mais bientôt ce grand tableau, toujours muet, lui parut monotone : aucun bruit ne s'élevant d'aucune place dans cette immensité, il crut à un prestigieux effet de diorama. Une psalmodie arabe le tira de cette erreur : au sommet du minaret dont chaque mosquée est décorée, un Maure se montra, et sa voix lança dans l'espace une phrase du Koran qui rend hommage à Mahomet, et précède pieusement l'annonce de l'heure. Cette annonce des progrès du temps, dans le fracas d'une ville européenne, serait insuffisante, mais dans une ville de silence, où l'on n'entend ni longs retentissemens, ni grands cris, où tout se fait à petit bruit, elle est d'un effet solennel, et s'en va frappant les airs de minarets en minarets, rappelant ainsi aux esprits dévots des Arabes que le temps est à Dieu, et que le soin de son partage appartient à Mahomet son prophète.

L'heure proclamée était celle du matin, à laquelle commence les audiences de la justice; Robert s'arracha à la contemplation des lieux pour descendre à l'investigation des hommes, et en peu d'instans il eut retrouvé sous le ciel africain toutes les misères enfantées sous d'autres cieux par *l'inégalité des conditions*. Ce qui surtout l'attrista, ce fut la gravité des délits, la multitude des litiges soumis aux arrêts de son tribunal; ils accusaient des germes pourris dans la nature sociale implantée sur ce sol vierge encore de l'exploitation européenne. Les inductions à tirer de cette observation promettaient peu d'avenir à la pensée coloniale, peu d'estime à l'influence du vainqueur sur le vaincu. Elles dénonçaient l'inhabileté ou les arrières-pensées du gouvernement français; car il eût dépendu de lui de vaincre deux fois par les armes et par la politique, et de vaincre à toujours par des actes si habilement constitutifs qu'ils n'eussent plus laissé de prétexte ni d'espoir à la révolte ni à la rivalité.

Les Trois Beurnous.

La lune était au ciel; du cap *Caxine* au cap *Matifou,* du faîte de la Cassaba à l'horizon de la mer, tous les objets nageaient dans la lumière pâle de ses froids rayons; aucun bruit, si ce n'est le flot bouillonnant sur les écueils à fleur d'eau qui avoisinent le fort des Anglais, sur les maçonneries du môle et sur les rochers de la côte de Bab-el-Zoun, si ce n'est encore le craquement lent et monotone des bâtimens enfermés dans la darse du port, et se balançant doucement à l'inévitable roulis.

Robert Cowel, debout sur la terrasse de sa maison, écoutait, regardait... et il pleurait, le bon jeune homme; car, dans ce calme de la nuit, pendant l'absence des distractions du jour, tout esprit contemplatif s'exalte, s'émeut et s'attendrit, — surtout si, loin du pays natal, il doit demander désormais à des cieux étrangers, à un sol inconnu, les inspirations et l'asile que l'on est sûr de trouver dans sa patrie, lorsqu'on en est éloigné.

Tout à coup, dans la partie basse de la ville, raisonna un instrument de France; c'était un haut-bois, — il chantait, la *Béarnaise!* La première phrase de l'air n'était pas achevée que sur la terrasse la plus voisine de Robert, bien près de lui, et un peu au-dessous, à distance de la branche que, de l'autre côté du fossé, la main peut saisir si le corps se penche hardiment en avant, — trois fantômes blancs se dressèrent; ils venaient de monter l'escalier sans rampe qui, en forme de trou, aboutit aux terrasses dont il est l'unique issue. Trois longs voiles blancs! ce devaient être trois femmes! La vue de l'imagination embellit ce qu'elle veut embellir, arrondit et détermine des formes au gré du caprice et du désir, et les apparitions les plus inattendues agissent plus fortement sur l'imagination. Dans le fourré d'un bois, au détour d'une allée, au travers de la feuillée, voyez flotter une robe de femme, que le jour de la clairière vous permette de distinguer, par instants, sa taille et sa démarche.... votre cœur bondira, votre respiration deviendra entrecoupée, vos yeux dévoreront l'espace pour aller se reposer, émerveillés, sur cette femme qui passe, qui s'éloigne.... Dans les jardins, dans les bois de notre France, cette sensation est de tous les jours : elle se reproduit sur les terrasses d'Alger, lieux découverts, mais qui n'accordent pas plus à la curiosité que les ombrages épais des forêts : vous y voyez des ombres, la forme humaine reste invisible. Robert Cowel écoutait l'air français, s'évertuait à deviner les trois femmes... Les trois voiles tombèrent; au jour de cette belle nuit brilla l'or du pittoresque costume des Mauresques. Les chairs de leur cou, de leur poitrine, de leurs bras et de leurs jambes tranchaient, frappées par de pâles reflets, sur les couleurs, ou d'azur ou de pourpre, du kaïke léger tourné autour de leur corps, de manière à imiter la culotte courte bretonne.

A l'heure où tout le monde sommeille, — elles venaient, ces femmes, rafraîchir au souffle de la brise de mer leur poitrine altérée par les chaleurs de la journée, épuisées par l'étouffant ennui de la solitude.

Comme si le battement de sa poitrine eût pu éveiller l'inquiétude des Mauresques, Robert Cowel retenait sa respiration haletante de désir et de curiosité. Le hautbois jouait toujours, la lune brillait toujours au ciel, la mer conservait à l'horizon sa transparence et son calme, et le charme auquel cette situation livra la pensée du jeune Français se prolongea ainsi l'espace d'une demi-heure; après quoi, l'instrument se tut, les trois femmes, apparitions mystérieuses, descendirent de leurs terrasses, comme si elles se fussent plongées dans les entrailles de la terre. Cowel se retrouva seul, n'ayant plus pour se rappeler la vie, que les cris des sentinelles répétant le *qui vive* au différens postes de la ville.

Lorsque, dans les premières heures de la matinée suivante, Simon Barsia se présenta devant son nouveau patron, celui-ci l'accueillit avec un grand empressement.

« Simon, puis-je avoir foi dans ta parole?

— La réponse m'est trop facile, même quand j'aurais l'intention de vous tromper... Que voulez-vous de moi ?

— La première joie que j'aurai goûtée dans ce pays! » répondit le Français avec enthousiasme

« Monsieur a fait un rêve ?...

— Oui, Simon, oui, un rêve; mais la réalité est là, à deux pas de moi! Si la lame de ce sabre traversait la muraille, elle blesserait les chairs, elle endommagerait les formes qui, aux clartés de cette dernière nuit, ont fasciné mes regards et troublé ma raison.

— Monsieur a vu des femmes maures ?

— Trois, — sur la terrasse au-dessous de la mienne.

— Vous ont-elles aperçu?

— Je ne le crois pas. Constamment tournées vers la mer, elles n'ont changé d'attitude que pour retourner chez elles.

— Eh bien! que voulez-vous de moi?

— Simon...

— Monsieur? » Et le rusé Maltais, voyant suspendu aux branches l'esprit de son patron, le regardait chercher son équilibre, sans se presser de lui jeter une amarre ou une espérance.

« Simon... voici quatre douros (vingt francs)... Je ne suis pas riche; mais par de petits présens de cette nature, je donnerai plus de consistance aux émolumens que je vous ai promis.

— Je comprends bien... Monsieur veut savoir si ces trois femmes sont accessibles, leurs noms, celui de leur père ou mari....

— Et la réponse donnée, quatre autres douros te sont réservés.

— Ce n'est pas que le renseignement sera difficile à obtenir...

— Ah! Simon, vous voulez me vendre ce service?

— Non, mais je tiens à vous le rendre... et...

— Et... et... après! que veux-tu dire?

—...C'est égal... demain, monsieur, vous aurez la réponse.

— Mais de la prudence!

— Je suis Maltais, monsieur.

— Vite donc, en campagne, mon bon Simon! — Aujourd'hui, je n'aurai pas besoin de vous; je ne sors que ce soir, et pour aller à la soirée du général en chef... A demain donc. »

Le Salon.

Pour bien observer, il faut changer les verres de son optique au gré de la lumière atmosphérique au milieu de laquelle on est placé : le même verre sur tous les points de vue, sur toutes les scènes de la vie, et l'œil fasciné trompe le jugement. Familiarisé que vous êtes avec l'aspect, le mouvement et l'allure des salons de Paris, examinez un salon d'Alger du même regard dont vous avez observé ceux de la grande capitale, et le dégoût vous saisira, même avant l'ennui ; car dans le jeu des physionomies, dans le formulaire du langage, dans les maintiens, vous surprendrez un mauvais air de mauvaise compagnie, un sans-façon de mauvais ton qui vous donnera des nausées à vous, observateur peu judicieux, aux organes si susceptibles.

Avant de voir dans le salon du général en chef de notre armée d'Afrique, il faut d'abord accepter la condition de tous les élémens dont se doit composer la réunion : grosses épaulettes, quelques broderies civiles, — c'est là la bordure du lambris ; puis, pour remplissage, petites épaulettes, petits employés, *visiteurs* de la colonie, spéculateurs sans spéculations, colons sans charrues, gens qui demandent, gens qui attendent, gens qui espèrent, gens qui en débarquant ont crié : *asile!* presque tous gens du hasard et du lendemain; quelques-uns déformés par d'anciens malheurs, d'autres par des fautes; les premiers venus portant sur le pli de leur front soucieux le mot *déception*, les nouveaux débarqués exprimant toute la vivacité de l'espérance et de l'avidité; et sous ces regards-là, dans ces mains-là, des cartes... à défaut d'affaires. Puis, vous, *collet monté*, homme du *savoir-vivre*, aux mœurs régulières, aux formes façonnées par l'éducation, les louables habitudes et les bonnes fréquentations, passez au travers de ce remplissage avec l'intolérance de votre purisme, avec l'exigence prétentieuse de vos élégantes manières... Vert-Vert sur le bateau de Loire, entre les commères, les bateliers et les dragons, Vert-Vert, si saint et si confit, aura été moins mortifié, moins hébété que vous ne le serez en ce moment.

Ces élémens disgracieux et d'assemblage

bizarre sont pourtant les ordinaires élémens de toute société naissante : c'est aux aventuriers qu'appartient le privilége de l'essai et du défrichement de toute terre découverte et conquise. Celui qui a, qui possède, laisse celui qui n'a rien ou possède peu, braver sans péril toutes les chances encore douteuses et les caprices du hasard. Où l'on n'a rien à perdre, on a presque toujours à gagner. Ceci n'est pas de principe moral, mais de principe social, et surtout *colonial* : après cela, la nature des localités, la pensée gouvernementale qui s'y assied, en développent ou en modifient l'application.

Sur une terre habitée, au milieu d'une population subtile travaillée par des influences occultes et *étrangères*, tourmentée par le déplaisir intime de sa nouvelle oppression, et disposée à trouver dans des termes de comparaison désavantageuse au vainqueur des occasions de révolte, de trahison ou au moins de sérieuse antipathie, peut-être était-il de prudence et de devoir d'encourager aussitôt la venue d'existences *responsables*, jouissant d'une considération bien établie, de facultés spéculatives bien réelles, ayant un *actif* pour répondre du *passif* : peut-être aurait-il fallu, dès les premiers jours de la conquête, en décider hardiment le sort (1) avec la seconde vue du

(1) M. le comte *Molé*, qui venait de déposer le portefeuille des relations extérieures, me dit un jour, chez le président du conseil, M. Casimir Périer : « *Seul* dans le cabinet (1830), je me suis opposé à la *reddition* d'Alger... » Cette conquête d'Alger a été déjà l'occasion de projets et de propos bien extravagans et bien coupables! Si j'avais la volonté de tout dire, et si c'était ici le lieu, je parviendrais bien à faire monter du rouge au front de quelques gens, à propos de cette *possession*, que l'honneur national — *interprété de tant de manières* — nous commande de garder. Il est difficile sans doute pour le pouvoir exécutif de saisir le point de vue le plus

génie et la prudence du vrai courage; alors y constituer, ainsi qu'il appartient de le faire à un puissant vouloir de gouvernement, dans le temps d'un maniement d'armes, non des administrations sans équilibre, sans consistance, confiées de prime-abord à des

juste, au milieu des ridicules opinions qui lui sont jetées effrontément, comme pour embarrasser son regard. Il n'y a sorte de sottise que l'on n'entende chaque jour sur ce sujet : je pourrais citer avec indignation ce mot prononcé chez un *aide-de-camp du roi*, et relevé noblement par le comte Eugène d'H***, député : « M*** part pour Alger? Oh! c'est étrange, car c'est un honnête homme! »... Faites des conquêtes, et pour en relever le prix et l'estime, dépensez-y beaucoup d'or et beaucoup de sang!...

Sans altérer l'indépendance constante de mon caractère et de mes opinions, j'extrairai d'un travail plus important, pour le placer ici en peu de mots, un éloge sincère à M. le Prince-Royal qui, en toute occasion, a manifesté sa vive sympathie pour la colonisation dans la Régence. Dans les entretiens que j'ai eu l'honneur d'avoir avec lui, dans une lettre

individualités impropres, inhabiles, comme étonnées de se trouver là et d'y être comptées — et de ces administrations pour administrer trois royaumes! — mais un rouage administratif bien ordonné, peu multiple, d'un mouvement intelligent, vif et précis, peu processif dans ses actes, ayant une tendance à résumer toutes les affaires, imposant à l'esprit de l'indigène par la loyauté des délibérations, la lucidité, la promptitude des décisions, et rangeant habilement l'ensemble de son action sous l'influence apparente du seul pouvoir que l'Africain comprenne encore, — le pouvoir militaire. — Peut-être fallait-il tout cela... Mais il n'est permis

qu'il a eu la bonté de m'écrire lorsque j'étais en Alger, j'ai toujours surpris dans la pensée de ce prince un sentiment profond et chaleureux de la dignité nationale, qu'il regarde comme engagée à la conservation et l'amélioration du sol conquis en Afrique.

(*Note de l'Auteur.*)

de voir que ce qui existe, de juger que ce ce qui a été fait : ce qui aurait dû être n'entre pas dans la juridiction de l'observateur.

Robert Cowel, homme de sens, homme éclairé, eut aussitôt fait la part du vice de l'institution, des misères de la localité et examina comme il devait l'être, le salon du général en chef. Il lui trouva un aspect beaucoup moins pittoresque qu'il ne s'y était attendu ; il avait espéré la bigarrure des couleurs, le mi-parti français, mi-parti algérien. Si ne n'est deux ou trois Maures, membres de la *municipalité*, puis un chef de tribu, arrivé là par hasard, monté droit sur un canapé, les pieds et les jambes nus, une de ses jambes croisée et arrêtée sur le genou de l'autre, de telle sorte que les émanations ou même le contact de sa nudité pouvaient effleurer les chairs du visage et du cou d'une jeune Anglaise assise auprès; si ce n'est encore l'étincelant costume d'un chef de cavalerie arabe, et surtout l'ordonnance de l'appartement, il se serait cru en France : la musique exécutait des airs français, les quadrilles de danses étaient français : à l'une des quatre tables de jeux un *boston*, aux trois autres *l'écarté*, et cette dernière partie jouée, comme à Paris, avec acharnement et avidité. Une seule femme attira ses regards, autant à cause du caractère particulier de sa beauté, que par l'embarras trop visible, la guinderie trop disgracieuse qu'elle laissait voir sous les ruches et la soie de sa toilette française. Il s'informa d'elle : « C'est, lui répondit-on, une Juive, beauté ravissante sous le costume de sa nation, et la voilà lourde et gauche provinciale, ainsi empêchée dans le gênant corsage taillé par nos modistes; ce monsieur en habit noir, à cheveux blancs, l'air hébété, la physionomie toute corrigée de sa ruse originelle par une déception de circonstance, c'est le père de cette belle personne; le juif Bâcri, homme ayant joui d'un grand crédit commercial dans la régence ; il crut que l'accueil à faire aux Français était une bonne spéculation, il s'y ruina, et maintenant il porte nos fracs, tout en s'appelant le roi des Juifs, — presque aux mêmes titres que l'ancien *pape des fous*, des bazochiens du vieux Paris. » Cowel examina son cicerone, et remarqua une rare expression de finesse sur sa physionomie : le ruban bleu de l'ordre de juillet décorait sa boutonnière.

« Vous ne me paraissez pas, monsieur, excusez mon indiscrétion, — amené en ce pays par des vues commerciales? le peu de mots que vous venez de m'adresser révèle mieux que la portée d'esprit d'un homme à spéculations.

— Vous avez, en effet, monsieur, deviné fort juste, si vous avez reconnu en moi un invincible éloignement pour les préoccupations du comptoir et du négoce... D'un caractère un peu incertain et aventureux, d'ailleurs, battu par quelques orages, j'ai voulu, par fantaisie, chercher le beau temps, un ciel sans hiver; un beau matin j'ai secoué la poussière et la pluie qui couvraient mes ailes, et, sans projet arrêté, sans espérance comme sans regret, je suis venu me poser ici comme l'oiseau.

— Depuis long-temps?

— Bientôt deux mois.

— Et, comme au premier jour, sans plus de projets?

—Si fait; depuis hier le positif a remplacé dans mon esprit le vague de la vie nomade : je suis nommé *juge royal* à *Oran*.

— Noble et importante fonction; et, à ce titre, monsieur, ajouta Robert Cowel avec bonhomie, — nous avons une confraternité que vous me rendez agréable : je m'installe à Alger en qualité de juge.

—Vraiment!... vous seriez monsieur Cowel débarqué depuis peu de jours?... Enchanté de me trouver près de vous, mon confrère, — et il tendit affectueusement la main à Robert. — Eh ! bien, que dites-vous de ce salon ?

— Mais... je regarde...

— Sous le rapport moral, il a son côté piquant... c'est un pêle-mêle de précédens, d'opinions et de positions qui me divertit beaucoup.

— Vous l'avez déjà débrouillé ?

— Oui, à quelques obscurités près... D'abord vous ne regarderez pas sans intérêt le chef souverain de la colonie : le *duc de Rovigo*, qui gagna sa renommée auprès de Napoléon et son titre sur le champ de bataille de *Friedland* : vous aurez à remarquer que cet ancien ministre de l'empire, satrape disait-on, homme d'un commandement plein de morgue et de brutale énergie, montre ici la simplicité de manières la plus digne, et l'aménité la plus attachante... Ce qui ne sert pas peu à rompre la rivalité maladroitement établie entre lui et ce collet brodé d'or que voilà là-bas près du consul des États-Unis... Après cela, connaissez-vous l'histoire de nos troubles civils sous *la sainte* restauration? vous reconnaîtrez ici une partie des redresseurs de l'émeute libérale. Ce général qui cause avec un capitaine d'infanterie, *ci-devant* garde-du-corps, compagnie de Noailles, c'est l'ancien colonel de ce régiment qui tint une si belle conduite dans la rue Saint-Denis, en 1827. Ce lieutenant-colonel, à quelques pas de lui, était son chef de bataillon pendant cette bataille de cailloux : les bulletins l'ont rendu célèbre... Ce colonel, si serré dans son uniforme, a fait bonne contenance dans les rues de Paris, le 28 juillet, en qualité de lieutenant-colonel d'un régiment de la garde *royale*... et bien d'autres encore!... Eh! bien, mon confrère, je trouve que le gouvernement en agit parfaitement à leur égard : tous sont braves et loyaux militaires, et n'ont d'autres torts que d'avoir rempli l'impérieux mandat de l'obéissance passive sous le drapeau : on leur donne un grade de plus ;... on les envoie retremper leur amour pour la révolution sur le sol d'Alger... et quand ils y seront montés à hauteur du patriotisme de juillet, ils reverront, montés encore en dignité, les rues de Paris qu'ils ont lézardées de leurs balles... C'est au mieux ! vive la tolérance politique ! tout le monde vit avec elle. La haineuse restauration mettait du sang, puis de la terre, sur ses opposans... Les repentirs et les retours de conscience devenaient impossibles, c'était par trop radical !...

— Je vous observe, — interrompit Cowel en souriant, — est-ce du persifflage ?

— Non, vraiment, c'est de l'histoire.

—Quittons, si vous le voulez, cette investigation sérieuse et chanceuse, puis, avec la finesse d'esprit que vous me laissez voir, dites-moi quelles sont ces femmes qui dansent ?

— Je ne les connais pas.

— Pas même de nom ?

— C'est tout au plus... Mais vous, si questionneur, n'en pensez-vous rien ?

— Rien encore...

— Eh ! que voulez-vous !... dans une colonie naissante !... »

Robert Cowel avait beaucoup trop de réserve dans l'esprit pour se plaire à exciter la verve satirique de son spirituel interlocuteur ; il lui demanda quelques renseignement sur les *Maures* qui erraient, démonétisés, dans ce salon tout français.

« C'est la grave *municipalité*, — répondit le nouveau juge royal, — et, à ce sujet, vous avez, en votre qualité d'homme public, d'utiles documens à recueillir :

— Du moment où la force des choses, plus que celle des combinaisons, eut fait du sol conquis en Afrique une *possession* française, une impardonnable faute d'ignorance fut commise; on attribua à Alger la consistance et l'influence de toute métropole sur les populations qui relèvent d'elle ; ainsi l'Algérien, ainsi l'Arabe, pensa-t-on : et, de fait, il n'y a aucune affinité entre l'Arabe et le Maure d'Alger ; l'homme de la ville n'a aucune action sur l'homme de la tribu et de la montagne : entre eux l'incommensurable distance de l'esclavage à la liberté. Sous le gouvernement des Turcs, dont la durée de plusieurs siècles s'est éteinte de nos jours, l'Algérien rusait avec le dey, payait sa *dîme* et obéissait ; lorsque le souverain de la Régence voulait visiter les cercles les plus rapprochés de sa capitale et prélever l'impôt, il marchait armé en guerre. Mille fois le sifflement à ses oreilles d'une balle arabe lui donna à lui coréligionnaire un démenti à sa prétention souveraine. Si vous ajoutez à ce fait la certitude qu'au moment de l'occupation française, la meilleure partie de la population maure s'émigra, vous arriverez à convenir que le Maure resté sous la loi du nouveau vainqueur, — serait-il de bonne foi, ce qui n'est pas, — n'est d'aucune utilité pour sa cause. Le tolérer, le faire jouir du bénéfice de la protection légale, encourager ses essais de civilisation, — et il ne s'en manifeste aucun, — rien de mieux : mais raisonner sur la domination en Alger, d'après la nature des relations avec l'Algérien, — ignorance et déception! Mais faire du Maure un pouvoir, lui décerner une faculté administrative, jeu de philantropie et de perfectibilité en civilisation. Aussi compromis que les Français sur les terres de la Régence, le Maure n'y a d'affinité possible que pour des projets de trahison ; — employé pour y bien faire, il y devient nul; sous le costume d'aga, comme revêtu du caractère d'intermédiaire, il est sans capacité, sans force, sans action : et il lui reste à toujours son arrière-penséee hostile qui s'accommode des dehors de la soumission et de la sympathie. Le parti français, parmi les Maures d'Alger, ne se compte pas : mais il existe en cette ville deux autres partis distincts, implacables, l'un devant l'autre, celui des Maures et celui des Turcs, le parti de la *légitimité* et celui de la conquête : tout est mystère dans leur but et ruse dans leurs moyens.

Ce petit vieillard qui est là près du général-duc, est le représentant du premier de ces partis; examinez ses yeux d'oiseau de proie, sa figure de chacal, suivez les habitudes de sa mobile physionomie, vous reconnaîtrez le fanatisme qui le dévore : il parle et agit avec la prudence du serpent; et s'il est ici avec les dehors d'un sujet dévoué, c'est qu'avec notre aide il à une vanité à satisfaire et des vengeances à exercer; — il est aussi l'homme influent de cette municipalité bâtarde. — Ce juif au turban noir, au maintien de visage servile, dont les grands et gros yeux roulent, à demi sortis de leur orbite, — signe incontestable de bêtise, — sur les personnes et les objets, comme placés indistincts, en bloc, sous son regard, ce juif, c'est encore un municipal : en souvenir des précédens et par sentiment de religion, ennemi juré des Maures ; participant de leur influence avec la volonté de la détruire, intrigant comme la bassesse qui spécule, aujourd'hui vendu et prêt encore à se revendre. Eh bien ! vous entendrez les bons Parisiens, et, ici, l'agent civil du gouvernement français, faire avec ces hommes de la *philantro-civilisation;* vous lirez dans le Moniteur de la rue des *Poitevins* de Paris, des rapports sur les relations de bonne amitié entre le Maure et le Français : « on en attend les plus efficaces résultats... » Misère ! Il manque à ce monsieur, que je vous ai déjà montré causant avec le consul américain, de publier dans la Revue de Paris, par exemple, comme modèle d'éloquence et d'enseignement gouvernemental, un fragment d'une harangue, en style de procureur, qu'il adressait hier à ces mêmes municipaux, «... Les biens de la Mecque et Médine vous sont rendus... vous exercerez l'dministration des fontaines... et j'ai encore *au fond de mon sac* quelque chose que je vous réserve.» Noël! — s'écria en riant le jeune raconteur, — vous avez dans ce que je viens de vous dire, mon cher confrère, le canevas d'une brochure, mais ne la faites pas..... »

La loquacité pleine de verve du juge royal fut accueillie avec beaucoup d'intérêt, par Robert Cowel, parce qu'il y reconnut le sentiment précieux de la conviction.

« Il est peu probable que je songe, lui dit-il, à faire jamais une brochure : c'est une nature d'écrit trop éphémère, et qui n'a d'utilité que dans les cas d'oppression de la presse périodique : il n'existe, à mon avis, depuis quarante ans, que deux brochures dignes de souvenir : *Qu'est-ce que le tiers?* de *Syès,* et la courageuse et piquante allégorie *les Malheurs de la fille d'un roi....* »

La voix de Robert Cowel fut couverte par celle de deux personnes qui venaient de se placer à ses côtés : l'une d'elles portait un habit brodé d'argent à baguettes d'or, l'autre, vêtue d'un frac noir, avait le maintien aisé d'un homme ayant une position faite....

« Vous avez beau dire, ce n'est pas sous la protection du fisc et de l'impôt que l'on constitue une colonie.

— C'est bien à vous, ici, l'homme du monopole, à vous en plaindre !

— Pourquoi pas, si j'en subis la gêne.

— Pardieu, messieurs les *fournisseurs*, tout vous gêne[1]... et vous, principalement, esprit exigeant et inquiet... votre accaparement des fournitures de l'armée, au mépris des adjudications, qui, entre nous, ne sont plus que des comédies, — votre droit d'exploitation, pendant *cinq ans*, jusqu'à dix lieues autour d'Alger, du salpêtre de la

Régence, avec la faculté de l'exporter où bon vous semble, tandis que pour ce produit la France est tributaire de l'étranger; — votre fermage sur l'entrée des bestiaux, *sans adjudications préalables*, au taux de 84,000 fr. et pour *trois* ans, tandis que les négocians d'Alger en offraient 110,000 fr... vos grains, vos blés, toutes les concessions imaginables qui vous ont été faites.... tout cela n'est point assez pour apaiser votre humeur.... vous voulez dévorer la colonie !

— Non, je laisserai faire à l'agent des finances... et s'il fallait énumérer vos péchés capitaux, j'en trouverais, mon cher, de plus onéreux à ce pays que mes marchés et mes fermages; — comptons : votre maintien de la taxe d'entrée sur les importations françaises, — l'établissement d'un octroi, — le droit de patente avec l'addition d'un droit proportionnel représentant l'impôt foncier appliqué aux Européens,—le droit excessif de licence pour la vente au détail des boissons spiritueuses, et *cinq cents* francs de cautionnement en garantie des fraudes-*possibles*, — le droit d'enregistrement pour les concessions de terrain, appliqué aux locations comme aux ventes, — le droit d'enregistrement des actes...

— Ajoutez, — interrompit l'agent des finances avec la gaîté d'une conscience ministérielle satisfaite, — ajoutez les *droits-réunis* dont M. l'intendant civil va vous doter!

— Ce sera le bouquet! — répondit le fournisseur; — vive le système colonial bien entendu!

— Et celui des fournitures peu contrôlées! » ajouta en s'éloignant le personnage au colet brodé.

« Mon confrère, — dit le juge royal à Robert, — nous n'avions qu'à sténographier, pour remplir dans la brochure l'article fisc et fournitures... Ah ça! avant mon départ, je sollicite quelques-uns de vos instans... demain soir la séance de la Société *Philarmonique* : j'irai vous prendre pour vous y conduire.... »

Un Concert dans une forêt.

—Eh bien! Simon, votre air est rêveur!...
Point de réponse?

— Si fait; mais mauvaise.

— Laquelle, encore?

— .... Les *deux* épouses d'un Maure, et la sœur de l'une d'elles. Le Maure est riche, jaloux, n'a aucune communication avec les Français, et exerce un despotisme sévère dans sa maison.

— Dans ce que vous me dites-là, Simon Barsia, je ne vois que des difficultés, mais pas encore d'impossibilités.

— Oh! ne vous flattez pas, mon maître: l'esprit français n'a rien à tenter de bon contre ces difficultés-là.

— Cependant, ces renseignemens d'où les tenez-vous?

— De deux boudjous tirés de ma bourse.

— Et donnés à qui?

— A une négresse au service du Maure.

— Cette femme est donc gagnée?

— Tant que j'aurai des boudjous pour elle.

— Mais, Simon, la première échelle est placée pour l'assaut.... et une intelligence dans la place, Elle est prise! » s'écria Robert Cowel avec transport.

— Non, » dit laconiquement l'interprète.

— Qui en empêchera?

— Mahomet, l'œil du Maure et la vertu de ces femmes.

— Mahomet est exorcisé par les drapeaux français, l'œil du Maure sera miope... et la vertu de ces femmes, ... c'est un mur de terrasse à franchir!...

— Avant que de tomber sur le tranchant d'un yatagan, » interrompit l'interprète.

« — Vous avez raison, Barsia ; votre prudence a de quoi me rendre confus... Je suis un fou! ne parlons plus de ces femmes..... peut-être fort laides, d'ailleurs.

— Toutes trois sont d'une grande beauté, » dit le malin Maltais, en affectant l'indifférence.

« — N'importe, qu'il ne soit plus question de cela.

— Mais d'une *Juive*, n'est-il pas vrai, mon maître ?

— Silence, Barsia ! silence à tout jamais sur une pareille matière !

— Et cette Juive, » continua lentement Simon, sans paraître s'inquiéter de la brusque interruption, « est la plus belle de la régence!

— Peu m'importe! » dit le jeune homme en marchant avec impatience dans sa chambre.

— Fille d'un *Abraham*, ancien marchand d'or et de joyaux, elle serait enviée par toutes les belles femmes de France, » poursuivit intrépidement le Méphistophélès maltais; « son nom est *Johane*; elle a seize ans...

— Que signifient tous ces renseignemens?... dans quel but?... Je vous préviens, Barsia, que votre service auprès de moi se borne aux fonctions d'interprète.

— Aussi, mon maître, n'ajouterai-je plus qu'un mot : c'est que la belle Johane, fille d'Abraham le joaillier, ayant, pour être sortie deux fois, attiré l'attention d'une foule d'officiers, s'est condamnée à la plus complète solitude, — et je sais sa famille fort alarmée...

— Oserait-on, Barsia, violer la demeure de ces Juifs! » demanda le jeune homme avec une préoccupation toute nouvelle.

— On le tenterait avec moins de dangers qu'à l'égard des Maures.

— Ainsi, cette belle enfant pourrait se trouver la victime de quelque libertin?

— Nous avons bien des désœuvrés dans Alger! » dit Barsia avec componction.

Robert Cowel s'arrêta devant Simon, et croisant ses bras sur sa poitrine, l'examina avec attention.

— Ah ça, mais toi, Simon Barsia, diable ou interprète, ou tous les deux ensemble, d'où sais-tu tout cela? — Si c'est une Juive sage et retirée, appartenant à une famille honnête, comment as-tu pu connaître ces détails? qui te les a donnés? à quelle fin me les répéter? T'aurait-on reçu dans cette maison? à quel titre?

— J'y ai accompagné une seule fois l'interprète du vice-consul d'Angleterre, qui avait des clinquans d'or à vendre... c'est dans cette visite que je vis la fille d'Abraham.

— D'où cet interprète connaît-il ce Juif, et depuis quand?

— Plus ancien habitant que moi dans Alger, Fraiza, Maltais comme moi, a connu Abraham lorsque, sous le gouvernement du dey, il tenait son négoce dans une petite boutique de la rue Bab-el-Ouet.

— A la bonne heure; mais l'insistance que vous venez de mettre dans ce récit a quelque chose qui me révolte...

— C'est que, déjà porté pour les intérêts de mon maître, je préférerais voir à ses côtés la plus belle fille de la régence, plutôt qu'au bras d'un sous-lieutenant d'infanterie, d'un contre-maître d'équipage de marine, ou d'un gabelou de la douane française.

— Fi! Barsia! fi!

— C'est aussi ce que je dis.

— Où demeure cet Abraham?

— A l'entrée de la rue Babazoun.

— Fait-il encore le change?

— Pour ses amis... car, depuis l'entrée des Français, il se dit ruiné.

— C'est bien, Satan Simon Barsia, c'est bien...Mais tu seras mille fois damné à cause du dommage causé à ma religion par les sympathies que tu veux m'inspirer pour la synagogue. »

Le Maltais sourit, et reçut adroitement la pièce d'or que lui lança Robert Cowel en lui faisant signe de sortir.

Un jeune naturaliste, entraîné par son amour de la science, perdit de vue ses compagnons et s'égara dans une forêt du Brésil. Exténué par la fatigue, il s'arrêta, vers la chute du jour, dans une vaste clairière : là, l'espace ne sembla s'agrandir que pour lui rendre la solitude plus effrayante. Des roches nues, découpées par des fissures profondes, une végétation naine, desséchée et chargée de teintes jaunâtres; sur le sol, des ronces, des lianes, douloureusement entrelacées, formant un tapis épais troué à mille places par les énormes reptiles qui venaient s'y reposer, comme sous un berceau. Et parce que le soleil du soir dardait trop fortement en cet endroit, pas un oiseau qui, par son chant, pût y faire souvenir au voyageur égaré que la nature a des voix pour animer les solitudes. Pendant le jour, le jeune naturaliste avait appelé; le soir il ne l'osait plus, car il s'effrayait de l'expression de son cri, que de cruels échos lui renvoyaient plaintif et déchirant. Un grand ennui saisit son cœur, il se prit à pleurer. L'homme est si faible quand il est seul!

Tout à coup, en dehors de la clairière, un peu au loin, se fit entendre, non par un cri de bête fauve, un sifflement de reptile, non pas même un chant d'oiseau, — mais la vibration légèrement accentuée d'une corde de guitare. — Puis un son, puis un autre, enfin le commencement d'un air, mais mal rendu, mais indistinct, comme un souvenir retrouvé de bien loin. Le voyageur n'était plus seul ! il franchit les ronces et les roches, et de la crête de l'une d'elles il aperçut, près d'une hutte en feuillage, une vieille femme de couleur noire, le corps chargé d'oripeaux européens. C'était cette femme qui promenait sur l'instrument sa main lourde et tremblante, c'était elle qui rappelait le motif d'un vieux *bolero*, peut-être oublié dans les Castilles. Un homme d'un âge mur et de sang mêlé, accroupi devant la musicienne, la regardait stupidement. Le jeune naturaliste s'approcha de ce groupe étrange. La vieille femme avait retenu quelques mots espagnoles, elle les dit tous à l'étranger. — Il y avait quarante cinq ans qu'un marin, égaré dans ces mêmes parages, avait trouvé un asile sous cette hutte, alors habitée par deux époux noirs et leur jeune fille. Les deux époux étaient morts; la jeune fille d'alors, — c'était elle. Il lui restait pour se ressouvenir du marin, — la guitare, la première phrase du boléro, et cet homme de sang mêlé, dont elle était la mère ! »

Depuis bien long-temps, loin de tous les bruits d'Europe, triste et conservant le sentiment d'un art qui console, le voyageur dit en espagnol à la vieille femme : « Recommencez à toucher cette guitare, — je vous écoute ! » Et la vieille femme frappait les cordes, et sa voix brisée chantait la note; — et, tout perdu qu'il était, le jeune Français, ravi, écoutait, les yeux pleins de larmes, sous les ombrages séculaires d'une forêt d'Amérique, un air chanté dans les Espagnes, — et répété en France !

Entre des sensations puisées même à des sources contraires, il y a bien souvent de frappantes analogies ! — La surprise, l'émotion, l'attendrissement du jeune naturaliste, — Robert Cowel les ressentit, lorsque, sous la pauvre voûte de l'une des salles d'un vaste bâtiment maure, — aujourd'hui destiné à la manutention militaire, il entendit les ouvertures de *Guillaume-Tell* et de *la Muette* (1) : un orchestre entier! un orchestre français! ses passions, ses voix, ses harmonies! et les chants de la Muette,

(1) La Société philarmonique d'Alger méritait, dès l'époque de ses premiers concerts, les plus grands encouragemens. Composée d'amateurs sortis des rangs de l'administration et de l'armée, elle manquait sans doute, dans l'exécution des grands morceaux, de cet aplomb, de cet ensemble qui constatent la puissance des grands orchestres de Paris; — ses *solos* pour le chant, comme pour la partie instrumentale, étaient faibles; mais lorsque je les entendis, la Société philarmonique s'essayait encore : depuis cette époque, elle aura formé son talent, et l'administration a dû voir avec plaisir et reconnaissance une nombreuse réunion de jeunes gens consacrer à la culture des arts l'emploi d'un temps si difficile à bien utiliser dans la ville d'Alger.

(*Note de l'Auteur.*)

et les inspirations de Guillaume-Tell. — Les souvenirs de la liberté conquise sur une terre africaine! Chagrin, disposé à voir tous les objets à travers le prisme d'une imagination rêveuse et mélancolique, à recevoir toutes les impressions avec une faculté d'analyse qui les lui rendait plus intimes, Robert ouvrit son âme à tous les sons qui retentissaient à son oreille, et des larmes roulèrent de ses yeux.

Le juge royal, son nouvel ami, moins impressionnable que lui, occupé, par caractère, de tout ce qui pouvait devenir une cause de distraction, fit la remarque que la présence des Mauresques démasquées donnerait un bien grand prix à ces concerts. « Même masquées et en loges grillées, ajouta-t-il, ces invisibles placées sous le charme d'un art qui parle à tous les sens... jetant à travers les grilles, et par la pensée, leur cœur tout ému aux chances d'un amour français..... Oh! la civilisation y gagnerait prodigieusement. Vous figurez-vous, mon confrère, ces femmes rentrant sous les verroux de leur maison, et seules en face de leur insipide et morose époux?... Le sentiment des accords et de l'harmonie nouvellement venu à ces dames susciterait des brouilles intestines du plus heureux résultat pour les vainqueurs désœuvrés.

— Spirituel bavard, dit Robert avec douceur, laissez-moi donc écouter *notre Aubert.* »

L'orchestre retentissait encore dans les souvenirs de Cowel, lorsque, la nuit étant déjà avancée, il monta sur la terrasse de sa maison. Au milieu des voix de mille instrumens qui chantaient à ses oreilles, la voix du hautbois résonna d'une manière distincte. Ce n'était point une illusion de l'ouïe; encore *la Béarnaise,* puis un air de montagne,... puis *Gabrielle....* et la lune éclatante au ciel... et les trois Mauresques de la terrasse voisine écoutant comme la veille, comme la veille, livrant à la discrétion de la nuit l'éclat de leurs charmes, voilés aux clartés du jour. Hélas! il fallut que Robert dévorât dans le silence d'une contemplation craintive toutes les émotions qu'il eût voulu produire avec le bruit de l'éloquence, avec le prestige du geste et du regard.

La Visite et une Biographie.

« Arrêtons-nous, Barsia... — D'où partent ces cris ?

— C'est un fou placé sous la galerie de la synagogue.

— Quoi ! dans cette enceinte immonde, une synagogue !

— Dieu permet qu'on l'adore en tout lieu, » répondit le Maltais avec le sérieux de la vraie dévotion.

« Levez votre lanterne, Barsia; je me romprai les os sur ces marches brisées.

— Votre seigneurie n'ignore pas que le chemin du ciel est raboteux. »

Robert Cowel s'arrêta au premier détour d'un escalier tournant, éleva sa lanterne sur la figure de son guide, et lui dit avec un grand calme :

« Simon Barsia, nous sommes encore trop nouvelles connaissances pour que j'apprécie le degré d'audace de vos ruses; mais rappelez-vous qu'il ne serait plus temps de vous confesser si, par votre fait, je tombais dans un guet-apens. »

L'interprète soutint la clarté de la lanterne et l'interrogation du regard de son maître en homme dont la conscience brave le soupçon, et dont le courage est inattentif à la menace ; un sourire moqueur dessina ses lèvres.

« L'escalier est mauvais, répondit-il en continuant à monter, l'édifice est de triste apparence, les *sept chandeliers d'or* n'éclairent pas la synagogue ; mais sur la troisième galerie de cette maison se trouve un appartement que le prophète voudrait bien convertir en chambre de harem : là, voyant la madone si belle, vous oublierez l'impureté des parvis du temple.

— Vous mêlez les attributions, les termes de tous les cultes, Barsia, » reprit Robert avec gaîté : « toutes les religions sont vôtres, à ce qu'il paraît.

— Dieu partout ! voilà ce que je me suis dit, monsieur, en tout pays ; avec cette devise, je n'ai eu qu'à changer mon costume pour être le bien-venu dans tous les temples... Mais, nous voici arrivés : c'est à cette porte dont les battans mal joints laissent passage à la lumière, que nous allons frapper... Entendez-vous toutes ces voix? la famille est réunie. »

Simon s'avança sur la galerie du troisième étage, frappa doucement à la porte indiquée, en jetant une courte phrase arabe. Une ferrure fut poussée en dedans de la chambre, un battant s'ouvrit, un rideau de laine verte qui retombait comme une portière turque, fut soulevé par un petit garçon de douze à quatorze ans, et à la clarté d'une lampe en fer de forme antique et à deux becs, Robert Cowel contempla six personnes assises à terre, les jambes croisées, sur une vaste couverture rouge. Malgré l'impatiente curiosité du jeune homme, son regard fut forcé de s'arrêter sur un vieillard à longue barbe blanche qui, d'une voix aigre et pressée, questionna l'interprète. A la réponse qu'il en reçut, il porta la main sur sa poitrine comme pour saluer l'étranger, qu'examinaient les cinq autres personnes qui n'avaient point changé d'attitude; toutes les cinq étaient des femmes : l'une d'elles était jolie, mais n'était point la beauté par excellence; les quatres autres, à des âges différens, étaient vieilles. Un bien petit enfant se roulait, libre de langes, au milieu d'elles; près du groupe, un fourneau allumé portait un vase en terre exhalant une forte vapeur de café; à la muraille, au-dessus du vieillard, était suspendu un grand trumeau incliné sur son point d'appui, placé dans un encadrement en bois scuplté dans le goût gothique français.

— Il y a des analogies entre tout ce qui est vieux, tout ce qui est ruine. — La chambre était bornée à ses deux extrémités par deux rideaux de mousseline rayée, déployés dans toute la largeur de la pièce. Robert concentrait son attention sur les femmes, et son regard mécontent accusait Barsia d'impudence, lorsque, sous les plis relevés de l'un des rideaux, il aperçut, assise à la turque sur le bord d'une espèce de divan, la plus jolie tête de Rébecca dont Walter-Scott et les peintres lui eussent encore donné l'idée : elle était immobile, et ses yeux étaient arrêtés sur lui.

« C'est Johane! » dit le Maltais avec un air de triomphe; « pour ce soir, ne la voyez pas. Parlons affaire avec Abraham, ajouta-t-il rapidement; et il engagea avec le Juif une conversation en arabe, dont le texte était évidemment le débat sur un intérêt pécuniaire. Il tira d'une bourse que lui avait confiée son maître, plusieurs dollars hollandais, quelques piastres d'Espagne, et les montra au changeur. D'abord Abraham poussa un profond soupir, exprima, par sa pantomime, qu'il ne possèdait plus rien, salua Robert en croisant ses bras et inclinant sa tête, et lui dit, avec le bizarre accouplement de mots et la construction vicieuse de la langue franque : « Verémente, bon Française, je ne ments pas! Dey à Alger, moi riche, montcho dourons, montcho argent! Françaises venir, moi plus rien.

— N'importe, dit Barsia à Cowel, laissons-lui hardiment ces douze dollars et ces quinze piastres ; je vais lui promettre un intérêt un peu fort, et demain nous reviendrons à pareille heure chercher le change. Un regard encore, monsieur, sur la madone, sous le rideau de mousseline, mais un seul! et partons. » Puis il déposa devant Abraham l'argent qu'il tenait à la main, adressa quelques mots à la famille, et sortit avec Robert. La jeune fille si belle, qu'il appelait Johane, n'avait point changé son attitude.

«Eh bien! monsieur?

— Ah! Barsia, j'ai cru rêver! Cette tête encadrée dans la mousseline de ce rideau m'a paru ravissante.

— Je le crois bien, c'est la plus belle en Israël! Et ne serait-ce pas affreux de voir quelque colon gangréné, quelque petit commis d'intendance ou de magasin à fourrage aux genoux d'une vierge aussi pure?

— Fi! Barsia! fi!

— Le Maltais qui s'attache vaut donc

5.

mille fois mieux que le Maure qui se soumet?

— Ah! Satan SimonBarsia!

— Eh! monsieur, dans mille aventures, j'ai plus promis au diable qu'à Dieu! parce que le diable y pouvait beaucoup, — et le bon Dieu n'y pouvait rien.

— Damné!

— C'est marché passé depuis long-temps

— Tu n'en es pas plus riche!

— Non; mais je le serai: la richesse m'est due... Dans la Turquie d'Asie, une vieille juive qui, avec toutes les mauvaises herbes, faisait les plus belles cures, m'a promis de grands voyages et de grands biens. — Me voici venu de Bagdad à Alger, il ne me manque plus que les biens.

— Pauvre Barsia!

— Monsieur, entendez vous? demanda l'interprète en s'arrêtant, comme pour écouter.

— Oui, le hautbois!... O la France!

— Et les trois Mauresques!... L'oreille

au vent, elles écoutent sans doute en ce moment ; les mêmes sons leurs arrivent comme à vous...

— Voyons, tu veux faire de la poésie, tu cherches les mots et les idées, » dit le Français en le raillant.

— Non, pensa le Maltais, mais je joue avec ta frivolité, avec ta vanité; et ta bourse une fois desséchée, j'aurai fini mon poëme. »

Il était tard lorsque Robert Cowel rentra dans sa maison, et la nuit était bien avancée lorsqu'il quitta sa terrasse, où les chants du hautbois et la vue des Mauresques avaient ranimé ses souvenirs et fatigué sa curiosité.

Il est utile, afin de prévenir le reproche que l'on pourrait nous adresser de nous être plu à faire de l'interprète Barsia un personnage fantastique, il est utile de donner quelques détails sur les précédens de cet homme.

Un aspirant de la marine française et de

la division de Toulon, dans une de ses courses, avait relâché à Malte, y était tombé malade, et un an s'était écoulé avant qu'il eût quitté cette île. Sa convalescence ne fut pas entièrement inoccupée ; une jeune Maltaise en adoucit les ennuis. Après que l'inhabile *Villeneuve*, dépossédé de son commandement par un ordre, encore secret, de l'Empereur, eût osé, sur l'avis du ministre Decrès, son ami, sortir de Trafalguar pour aller chercher les Anglais, la jeune Maltaise se trouva veuve, sinon devant l'état civil, du moins devant un enfant, unique bien que lui eût légué l'aspirant.

Fils d'une Musulmane, cet enfant était devenu une conquête du culte chrétien sur l'islamisme, et le nom de Simon lui avait été donné. Lorsqu'il eut atteint l'âge de monter aux hunes, des personnes qui avaient connu feu son père l'embarquèrent comme pilotin. La destinée de Simon le conduisit auprès du scha de Perse, dont il fut quelques temps le serviteur et l'interprète; des raisons peu expliquées l'arrachèrent bientôt aux grandeurs de cette servitude; il vécut six mois obscurément à Bagdad sous la protection d'une vieille juive, propriétaire de quelques piastres et d'un grand nombre de secrets pour guérisons subites et maléfices. Simon, qui avait aussi pris le nom de Barsia, en vertu de nous ne savons quel titre de sa famille paternelle ou maternelle, étudia auprès de sa protectrice l'art des cartes, la vertu des simples, la distillation à l'alambic, la science occulte de la divination, et lorsqu'il se crut assez instruit pour paraître avec avantage en Europe, il débarrassa la vieille Judith de ses dernières piastres, profita de son sommeil, dans la pure intention de lui épargner la douleur des adieux, gagna la côte, et monta un brick-goëlette algérien qui allait mettre sous voile. Un an plus tard, il était employé par le ministre de la marine du Dey d'Alger pour aider, en qualité d'interprète, à des transactions avec des négocians de Marseille.

Au moment où nous le voyons attaché au jeune Robert Cowel, la capitale de la régence, devenue ville française, était infectée par une bande de malfaiteurs, presque tous Maltais, organisée sous la loi d'un chef dont les polices (1) juives, maures et françaises ne pouvaient parvenir à découvrir le nom, ni la profession, ni l'individualité.

(1) La tribu des Cabaylès qui, à Alger, est spécialement employée pour la domesticité, exerce sur elle-même une police dont l'exactitude et l'habileté devraient servir d'enseignement aux autres polices. Le dégoûtant espionnage politique est sans doute inconnu des Cabaylès, mais ils comprennent parfaitement la police de sûreté, qui est un bienfait en tout pays. Si la plainte, à propos d'un vol commis, fait peser justement le soupçon sur la tribu des Cabaylès, il suffit d'en instruire le chef : l'objet volé est aussitôt restitué, mais le voleur reste inconnu.

(*Note de l'Auteur.*)

des vols nombreux, exécutés avec une adresse, une audace surprenantes, trompaient tous les guets; les Maltais étaient tenus en continuelle suspicion; mais Barsia, connu des notabilités algériennes, restait en dehors de ce réseau de surveillance dont on enveloppait ses compatriotes, que d'ailleurs il fréquentait peu : ce n'est donc pas pour faire injure à son caractère par un rapprochement malheureux, que nous avons cité les actes coupables de ceux de sa nation.

La Prostituée.

Les législateurs criminalistes ont vicié le principe social, en arrachant aux coupables, par la nature de la peine que perpétue le préjugé, le bénéfice de leur repentir. Lorsque la question d'ordre et de sûreté générale s'est agitée par les législations en travail, il est inouï que toute la puissance des prévisions se soit uniquement appliquée à servir la vindicte publique, et que cette clémence divine, implorée pendant les périls de l'orage et dans les prières de tout homme en détresse, n'ait pas fait naître l'idée d'une clémence humaine qui, dans les cas rémissibles, eût effacé de ses pardons jusqu'à la mésestime. En matière de faiblesse ou de faute, il y aurait imbécile orgueil à oser dire : « Je ne ferai pas cela » avant de s'être trouvé placé sous l'influence de circonstances déterminantes; mais se promettre par avance une éternelle douleur et un poignant repentir si l'on devait jamais se rendre coupable de telle ou telle faute, c'est là la prévision d'une conscience honnête et d'une bonne nature, c'est là, seulement, ce que tout homme est en droit de s'assurer à soi-même. Pourtant, que la faute vienne à être commise, que le repentir la suive, l'estime méritée par ses douleurs, sera perdue dans le souvenir du châtiment infligé, le coupable s'honorera dans son for intérieur, par l'amertume de son désespoir, mais la société ne lui en tiendra pas compte. Les individualités, misérables jouets de leurs passions, ont leur honneur sans cesse à la merci du premier hasard, et tout bas réclament à chaque heure le bienfait de l'oubli, la pitié du pardon; mais réunies à d'autres, parlant haut et collectivement, elles affectent la fanfaronnade d'une impérissable vertu, l'intolérance implacable d'une justice sans retour, et frappent la faute isolée dans le présent et dans l'avenir, disposant impudemment de ce qui n'est qu'à Dieu, de ce qui n'est à personne, d'un avenir et d'une âme.

Toutefois, aux préjugés implantés par les mœurs légales, peuvent se joindre des susceptibilités de cœur qui repoussent le pardon et l'oubli. Lorsque le sublime inspiré dont on a fait un Dieu couvrit de son manteau la Samaritaine, il n'avait pas, lui, à demander compte à cette femme, pour le repos de ses affections intimes, de sa foi et de sa chasteté, il pardonnait à un scandale public, donnait le bon exemple de l'indulgence en étendant son bras pour relever la prostituée; mais s'il en eût été l'époux ! ici, la conjecture, à force d'être hasardée, serait frivole; la dignité d'âme de Jésus-Christ, telle qu'elle nous est transmise par la tradition, ne s'harmonise pas avec une pareille idée, et dans les actes de l'homme le plus pur de son temps, on ne trouve ni enseignement, ni exemple pour subir, sans se le rappeler, l'ignominieux outrage fait à l'honneur et à la foi conjugale.

C'est cette indulgence sans précédens, ce pardon sans exemple, qui rendent mille fois plus touchant le saint usage établi chez les Maures d'Alger.

Qu'une femme débauchée, souillée et connue pour telle, vienne dire au cadi « : Je me repens, » son nom, effacé à l'instant du livre des prostituées, est inscrit au livre des épreuves; le *mésouar,* qui a patente de *pourvoyeur* (1) et quelquefois est aussi le *tchauch,* n'a plus le droit de se rappeler d'elle : que le temps d'épreuve s'accomplisse sans rechute, et la prostituée est honnête femme, son impureté est tombée, comme la peau changeante du serpent, devant les mérites de son repentir et les indulgences de la loi; estime, famille, époux lui sont rendus ou

(1) Je crois me rappeler que l'intendance civile faillit avoir avec ce mésouar un procès d'une nature singulière. Un traité avait été passé avec lui, et lui imposait de tenir à la disposition des lieux de prostitution un nombre de *quinze cents femmes.* Une faute commise dans la traduction du traité, par un interprète, aurait autorisé le mésouar à prétendre que l'administration s'était engagée à *fournir* elle-même ces quinze cents femmes : il réclama sa denrée, se plaignit, mais ne plaida point.

(Note de l'Auteur.)

permis, et la clémence divine se trouve heureusement interprétée par cette touchante purification (1).

Que l'on n'attribue pas cet usage à une insouciance pour les femmes : en aucun pays du monde les femmes ne sont, plus qu'en Alger, protégées par la sollicitude des hommes : cette sollicitude va jusqu'à la gêne.

(1) Un Européen, — je ne dirai pas même, par respect pour la France, à quelle nation il appartient,— devait, dit-on, à un dégoûtant motif un protecteur parmi nos ambassadeurs; par suite, il était attaché à l'administration française en Alger. Il voulut faire du *négoce*, et pour opérer dans la sphère de son origine et de ses capacités, il dressa un acte de société avec le *mésouar;* par les lumières de ces deux hommes devaient être alimentés les lieux de prostitution dans Alger! Le bénéfice de la société se composait d'un droit sur les femmes publiques et d'une taxe prélévée sur celles qui voulaient se soustraire à l'inscription de police. L'Européen fut plus avide que le mésouar algérien, il eut l'impure idée de scruter au *livre des épreuves,* et de traîner à la barre de son

Trois femmes mauresques, toutes trois jeunes et fort jolies, revêtues du léger costume qui leur est permis dans l'intérieur de leur habitation, étaient réunies dans une chambre dont la porte, haute, et à deux battans cintrés, était ouverte sur la galerie de la maison. Assises à la turque sur les coussins placés à terre d'un divan, seul meuble de la pièce, elles laminaient d'argent un grand voile en mousseline blanche, et causaient, souriant de temps à autres mais sans élan, sans gaîté continue, car leur

comptoir les femmes purifiées par le repentir, violant ainsi, le misérable, la sainteté d'un usage qui fait honte à notre civilisation.

Ce trait de profonde immoralité dont il me répugne de signaler ici les dégoûtantes conséquences, a été trop peu puni par un embarquement forcé, mérité sans cela par une conduite dégradante. Je n'aurais pas pris la peine d'écrire ces lignes si l'homme qui en est l'objet n'eût été MEMBRE DE LA LÉGION D'HONNEUR.

(*Note de l'Auteur.*)

charmant visage portait l'empreinte sérieuse de l'ennui. Deux coups violens furent frappés à une porte donnant sur une cour de marbre, milieu du carré formé par chaque bâtiment mauresque. Les trois femmes suspendirent leur conversation et leur travail, se regardèrent, mais sans manifester un autre sentiment que celui d'un dégoût qui se condamne à la résignation : elles semblaient prévoir le motif de ce bruit. Une négresse, accourant sur leur galerie, leur adressa quelques mots avec rapidité : toutes trois poussèrent un cri de surprise et de peur.

Il faut bien traduire ce qui ne fût dit qu'en arabe.

« Deux Français ! » demanda une des femmes. « Et que veulent-ils ?

— Ils demandent Fatma.

— Moi ! » s'écria la plus jeune et la plus jolie des trois Mauresques. « Moi ! reprit-elle encore. — Cabalo, vous vous trompez !

— Oh! non, un Maure, l'un des aides du mésouar, les accompagne. »

A ce nom du mésouar, la jeune femme appelée Fatma se leva brusquement, laissa échapper un léger cri, et chancela : la négresse la retint dans ses bras.

« — Fatma, dit-elle avec la tendresse d'une mère, — et elle était âgée, cette négresse; — Fatma, rassure-toi; je ne crains rien de ces Français; le mésouar n'a pas de pouvoir sur toi.

— Il n'en a plus, » interrompit la jeune fille avec la candeur d'une vierge; « mais pourquoi ces Français, pourquoi ce mésouar ? » ajouta-t-elle en pleurant. Ses compagnes restaient déconcertées et muettes.

Les coups à la porte retentirent de nouveau; la négresse courut y répondre; au bout de quelques instants elle revint lentement, la tête basse.

« — Fatma, dit-elle, le mésouar.

— Eh! bien ?

— Il est là !

—Eh bien?» répéta la Mauresque en se jetant, cette fois, entre les deux autres femmes qu'elle enlaça de ses bras.

«— Le secrétaire du cadi accompagne ce mésouar.... Prends ton beurnous et ton voile, ne laisse plus à la vue du jour que tes beaux yeux noirs qui ont tant pleuré, et allons chez le cadi....

— Je n'irai pas!... je n'irai pas chez le cadi!... Cabalo, je me suis repentie!... *Sidi-Taleb* m'est en horreur; mais Sidi-Taleb, s'il était là, défendrait la pauvre Fatma.

— Contre le mésouar, qui est le bourreau?» demanda la négresse. « Viens, Fatma, » reprit-elle d'une voix qui attestait le violent effort qu'elle faisait pour comprimer les cris de sa douleur, « viens, Fatma la repentie, viens et ne crains rien. Cabalo est vieille, mais elle a trop vécu avec les dangers pour en redouter de nouveaux; elle est vieille, mais elle est grande et forte, ses bras ont terrassé un jour, pour te sauver deux janissaires qui étaient des géans auprès de ce Français qui est en bas... tu t'attacheras à mon kaïk bleu, tu ne le quitteras pas... nous irons chez le cadi, nous lui dirons qu'il manque à la loi, ou qu'on la trompé... Si le cadi est sourd; je courrai chez le général en chef... Tu tiendras toujours mon kaïk bleu.... Si ce Français est sourd aussi? alors, presse-toi bien contre moi, et Cabalo de Tombouctou fera en sorte que le mésouar n'ait plus qu'à nous faire enterrer. » La négresse, en donnant d'une voix saccadée, mais lente, cet énergique avis, agitait sa tête massive et virile, elle élevait ses bras dignes de porter le cimeterre ou l'étandart, et pleurant, mordant ses lèvres, elle témoignait une douleur forte de Clytemnestre, de nourrice et de mère.

« Je n'irai pas! » s'écria Fatma au désespoir.

La porte intérieure retentit, cette fois,

avec plus de violence ; la négresse fit un pas dans la chambre, prit un kaïk blanc jeté sur un divan, en couvrit d'autorité les épaules de la Mauresque; dans un mouvement aussi habile que rapide, lui en enveloppa le corps, la tête et une partie du visage, et lui appuyant sa main sur l'avant-bras :

« Viens, » lui dit-elle d'une voix ferme. Les deux autres femmes restaient stupides d'effroi et de douleur.

« — Mais je n'appartiens pas au mésouar! » cria la repentie.

— Nous le dirons au cadi.

— Mais si je sors, Sidi-Taleb, au retour, me tuera!

— Veux-tu, dit la négresse d'une voix sombre, qu'il te tue deux fois? — pour avoir marché derrière le mésouar, et pour avoir laissé enfoncer la porte de ses femmes! »

Un fort tintement de serrure, frappé par le marteau, retentit dans la maison ; la négresse s'avança sur la galerie, poussa un cri, et se rejeta en arrière pour saisir Fatma; la jeune fille lui échappa, s'élança sur la galerie, atteignit un escalier et monta rapidement sur la terrasse.

Le mésouar n'aurait jamais osé de son chef violer l'asile de femmes algériennes; mais, enhardi par l'assistance d'un Français auquel il supposait assez d'influence pour paralyser les conséquences d'une mauvaise affaire, il laissa celui-ci faire effort sur la porte avec l'aide d'un agent subalterne de police. Le bris de serrure consommé, il suivit encore le Français, et ces quatre personnages, qui avaient vu la fuite de la Mauresque, parvinrent bientôt sur la terrasse. La jeune fille venait de se rouler dans son kaïk; à genoux, les mains élevées dans l'attitude d'une chrétienne en prière, elle appelait avec cris et sanglots le prophète à son secours. Sur la terrasse la plus voisine, et au-dessus d'elle, Robert Cowel suivait les manœuvres d'un brick de guerre qui appareillait pour la France. Simon Barsia, à ses côtés, le regardait, puis regardait le brick; la figure de damné du Maltais était animée par la moquerie et la méchanceté; dans les regards attendris du jeune homme, il devinait un regret, une pensée d'amour confiée sans doute aux voiles de ce navire qui allait revoir la France; et comme s'il eût dû donner le démenti à toute espérance, il souriait à sa manière, semblant, lui, confier le brick à la tempête, et Robert Cowel au malheur.

« Qu'est-ce cela, Simon ?

— Une femme qui crie et qui pleure.

— Qu'est-ce cela encore, Simon Barsia?... Cette négresse, ces Maures, ces Français! qu'est-ce que cela signifie? »

L'interprète parut lui-même étonné de la scène étrange qui se préparait.

« Eh! dit-il, le mésouar!

— Le bourreau! » s'écria Cowel. — « Mais ces Français ?

— L'un est l'associé du mésouar;

— Fi donc !

— Oh ! c'est égal, c'est son associé.......
Ils veulent emmener cette femme.

— Mais c'est une horreur, Barsia !... Il y a quelque infamie dans cette affaire !.. Monsieur ! monsieur ! — « Il s'adressait à l'un des Français. » — Monsieur, je vous ai déjà vu, je vous reconnais parfaitement : que faites-vous là ?... Pourquoi envahir cette maison ?.. pourquoi cette violence à cette femme ?

— Cet Algérien est le mésouar, » répondit le personnage interpellé, « et il exerce un des droits de sa charge.

Fatma poussa un cri, voyant la négresse aux prises avec un des Arabes; elle se leva, les contours du kaïk se dérangèrent, et, pour la première fois peut-être, son visage, d'une beauté remarquable, parut découvert au grand jour de la terrasse.

« Barsia, dites vite à cet homme que s'il met encore la main sur cette Mauresque, s'il la touche, je franchis la terrasse... Vite,

Bersia, demandez explication à la négresse...
Monsieur, si vous ne vous retirez à l'instant, je m'en prends à vous de tout le mal qui peut arriver.

— Je vous ai déjà dit, monsieur, que cet Algérien est le mésouar, qu'il a un caractère respecté dans la ville, et qu'il peut emmener cette femme, elle est à lui...

— Vous en avez menti ! » s'écria Cowel en fureur, « et je vous déclare que pour vous trouver là, remplissant pareille fonction, il faut que vous soyez un misérable.

— Monsieur !

— Pardieu, je vous conseille d'être difficile sur les mots !

— Mésouar, » criait Barsia en langue arabe, « monsieur, qui est près de moi, est juge au tribunal français, et il affirme qu'il va vous casser la tête d'un coup de pistolet si vous touchez cette femme du bout du doigt.

— Mais, » répliqua l'Algérien, « cette femme est fille publique.

— N'importe, j'ai ordre d'aller chercher les pistolets, ça sera bientôt fait; et si vous ne vous retirez pas, monsieur en aura plus tôt fini avec une balle, que vous avec votre yatagan; car je vous ai vu frapper sept fois une tête avant que de l'abattre.... C'est mal, vous n'êtes pas adroit. »

A la seconde interpellation de Cowel, aux premières paroles de Barsia, la Mauresque, la négresse et les quatre hommes avaient pris chacun une attitude conforme à l'incident qui se présentait. Deux physionomies, surtout, avaient un caractère remarquable de douleur brusquement interrompue par la surprise et par la joie.

« Cependant, monsieur, » se hasarda à dire l'associé du mésouar, « vous n'avez aucun droit d'intervenir ici.

— J'interviens cependant, monsieur.

— Sans en avoir le droit, je vous le répète.» Et se tournant vers l'agent de police qui faisait aussi fonction d'interprète : « Charvau, dites bien au mésouar que la menace de monsieur ne saurait s'effectuer, et qu'il agisse.

—Barsia,» cria Cowel d'une voix éclatante, « vâ chercher la garde!.... Je tiendrai bien ces misérables en respect... car j'aperçois là-bas le général en chef ! »

En effet, le duc de Rovigo paraissait à cinq terrasses de là; il braquait une lunette sur la mer, dans la direction du brick; sa vue produisit un effet rapide sur le mésouar et sa bande ; ils s'engouffrèrent dans le trou de l'escalier, descendirent les deux étages, et sortirent en hâte de la maison de Sidi-Taleb.

Fatma jeta un long regard sur Cowel, prit un des pans du kaïk, s'en enveloppa lentement la tête, et, soutenue par la négresse, quitta la terrasse pour aller rejoindre ses compagnes qui pleuraient, réfugiées dans un petit cabinet noir derrière leur chambre.

Les sens de Robert venaient d'être fortement émus; il souffrait, moins des suites de sa colère, que du souvenir de cette tache de prostitution jetée sur la Mauresque par la main immonde de mésouar; il restait immobile et les yeux fixés sur la place où la jeune fille, agenouillée et en larmes, lui avait montré son charmant visage.

Barsia se fit un malin plaisir de paraître ne plus se rappeler le drame qui venait de se jouer; ses rides moqueuses se plissèrent.

« Monsieur, voyez donc comme le général en chef s'intéresse à la course du brick : ah! c'est qu'il porte une dépêche dont la réponse devrait revenir ce soir pour que les choses se fissent dans l'ordre.

Ce bon chef des *Mozabites*, on le pendrait peut-être demain, et j'en serais bien aise, parce que le drôle ne m'a jamais voulu donner un boudjou pour lui avoir tiré cinq fois les cartes, et le grand jeu encore! »

Cowel n'entendait rien.

« Cette dépêche qui s'en va là-bas, chassée par une bonne brise, a beaucoup fait rire les Maures dans la journée d'hier ; et, au fait, il y a de quoi : Le chef des Mozabites conspire contre les Français, le général en chef en est instruit, et lui dit : — Je te chasse. — C'est bien le moins; l'intendant civil, qui est maître aussi, dit: — Je te garde. — C'est plus humain; et à ce propos deux dépêches ; c'est à Paris qu'on en décidera : et voilà un misérable garçon de bain, dont la peau et le beurnous, ensemble, ne valent pas le boudjou qu'il me doit, en litige devant le gouvernement de France, parce qu'il y a ici deux chefs dont l'un a le droit de dire *oui* quand l'autre dit *non*.

— Simon Barsia, » dit Robert Cowel, en passant à plusieurs reprises sa main sur son front, « nous irons ce soir chez Abraham, le changeur.

La Tribu d'El-Ouffia.

L'ÉTRANGE caractère de notre domination sur le territoire de la régence algérienne permet à chaque instant le démenti à toutes les bonnes relations que le gouvernement français croit y avoir établi; telle tribu qui aura le plus contribué à alimenter le marché de la ville, qui se sera prêtée à des stipulations amiables pour des ventes de chevaux, ne se croira pas pour cela dégagée des engagemens pris par sa haine : qu'un Français isolé se présente devant ses tentes, il sera massacré. L'intérêt commercial, qui est la base de la société, disent les *économistes*, en Alger, a une action tout exclusive, toute radicale, qui n'accorde aucun accès aux tentatives de la civilisation, ni aucun espoir au système d'alliance et de fusion. L'Arabe qui s'avance dans les lignes françaises se rendant à Alger, précédé d'un âne, d'un cheval ou d'un chameau porteur de légumes, des denrées de consommation usuelle pour les Européens, est fouillé sur trois points : aux avant-postes, à un point intermédiaire et aux portes de la ville. — Il a vendu, il repart, et à distance en dehors de nos avant-postes, dans une excavation de roc, dans le fourré d'une raquette, il reprend son *yatagan*, son fusil. Malheur alors à la sentinelle en vedette, au Français, promeneur imprudent, que le regard d'aigle de cet Arabe découvrira à quatre cents pas au bout du canon de son arme !

La tribu d'*El-Ouffia*, campée dans la plaine de la Métidja, sur la rive droite de l'*Aratch*, ne s'était jamais refusée à des accords commerciaux; un assez grand nombre de chevaux avait été vendu par elle au colonel des chasseurs d'Afrique, chargé des remontes de son régiment, aucune faute de la part des Français ne justifiait l'inquiétude, à plus forte raison l'animosité de cette tribu, et cependant, implacable ennemie, elle pratiquait l'embauchage, le pillage et l'assassinat sur tous les hommes isolés qu'elle pouvait saisir. Quinze misérables, soldats de la légion étrangère, désertèrent le drapeau français qui donnait de la nationalité à leur errante existence, et se réfugièrent sous les tentes d'*El-Ouffia*; peu de temps après, des envoyés de plusieurs tribus du désert, venus à Alger pour *faire acte de soumission*, — style de protocole et de chancellerie. — plutôt par curiosité, et afin d'apprécier l'attitude des Français, furent, à leur départ, arrêtés par ceux d'El-Ouffia, entièrement dévalisés, et sans doute promis à la mort, s'ils n'eussent fui vers la ville.

Cet événement, qui ne devait pas contribuer à donner, dans le désert, une haute idée de la puissance française sur le littoral algérien, porta à son comble le ressentiment du général en chef: la destruction de la tribu d'El-Ouffia fut résolue. Robert Cowel obtint du duc de Rovigo de marcher en volontaire avec la colonne destinée à cette expédition; elle se composait du régiment de la légion étrangère, infanterie, et du régiment des chasseurs d'Afrique, cavalerie. Le matin du jour où dut se faire cette opération, le jeune juge se rendit sur une grève sablonneuse, souvent baignée par les eaux de la mer, et voisine des *bara-*

ques de cantonnement du 67ᵉ régiment. Sur cette grève devait avoir lieu l'inspection des armes de la cavalerie par le général de brigade *Faudoas*, officier fort distingué, qui, comme colonel, a laissé de lui de beaux souvenirs militaires.

Robert avait beaucoup entendu vanter la miraculeuse organisation des chasseurs, par le baron de Schauenbourg, leur colonel; l'incroyable fermeté de cet officier était passée en proverbe. Pour donner du relief à sa bravoure, il avait acquis des connaissances positives en stratégie et en administration militaire, et il complétait de brillans services, qui dataient de *Marengo*, dans le commandement de la cavalerie africaine. Rarement l'héritier d'un beau nom montre de la supériorité dans la nature de mérite qui a rendu ce nom célèbre : M. de Schauenbourg est en cela une belle exception, car il porte son épaulette et son sabre comme les aurait portés son père, le digne et brave lieutenant-général Schauenbourg.

A côté de ce colonel, Robert s'attendait à voir l'homme poétique de la régence, le commandant Maray, — petit fils de *Monges*, ancien élève de l'Ecole Polytechnique, ancien capitaine aide-de-camp du général d'artillerie *Lahitte*, et maintenant chef d'escadron commandant les Arabes-éclaireurs, *Zoaves équipés à leur frais*. L'illusion qu'aurait pu produire un scheik numide était complète à la vue de cet officier ; son costume si fidèlement arabe, si naturellement porté ; sa barbe longue tombant sur sa poitrine, le maintien grave de sa physionomie, la pittoresque dignité de ses attitudes, je ne sais quoi de local empreint dans toute sa personne, faisait aussitôt oublier le Français. Mais ce qui donnait du prix à cette transformation attachante et bizarre, c'était la manière dont le commandant Maray la mettait à l'œuvre. Dans la vie de casernement, au milieu de ses Zoaves, mœurs extérieures, gestes, langage, formulaire de commandement, tout était dans la couleur. L'esprit susceptible et inquiet de ces farouches soldats subissait, avec une obéissance modèle, l'autorité d'un chef qui ne tranchait avec leur nature que par la puissance de la raison. Après cela, c'est dans le combat que M. Maray réalise la belle idéalité de la bravoure homérique. Plusieurs fois les corps d'armée placés sur les collines en amphithéâtre, l'ont vu descendre à la tête de ses Zoaves, qu'il devance toujours de près d'une portée de pistolet, et s'élancer au prodigieux galop de son cheval, la bride dans les dents, le beurnous blanc aux vents, le sabre élevé au milieu de la foule hurlante des Kabaïles ; là, faire un grand jour autour de sa personne, tuer de sa main, mettre en fuite, et, au retour, recevoir les *applaudissemens*, les *bravos* des soldats spectateurs et combattans.

Cette inspection des armes excita beaucoup l'intérêt de Robert Cowel. Le soir à dix heures, infanterie et cavalerie se mirent en marche; il était quatre heures du matin lorsque les troupes arrivèrent à un quart de lieue des tentes de la tribu proscrite. Le général Faudoas fit rapidement ses dispositions, et M. de Schauenbourg commença l'attaque en lançant sur les Arabes deux escadrons, — M. Maray à leur tête. La lutte ne fut pas longue; ce qui se présenta pour combattre se réfugia bientôt dans le camp; — nos soldats y entrèrent, et la tribu d'El-Ouffia n'exista plus.

Robert Cowel qui aurait pris part à un mouvement général, était resté avec la réserve, il frissonna lorsque, le moment de la résistance étant passé, on n'entendit plus qu'une fusillade évidemment sans riposte, mais répondue par des cris déchirans de femmes et d'enfans. Les vainqueurs laissèrent fuir quelques débris, le reste fut emmené prisonnier.

Cette scène est trop récente et trop historique pour permettre les *ajoutages* de l'imagination; le juge-soldat-volontaire en fut fortement impressionné, et revint à la ville promenant un regard étonné et triste sur le vaste groupe de la cavalerie zoave qui enfermait dans ses redoutables rangs les femmes, les enfans, les vieillards et le scheick lui-même d'El-Ouffia : il lui sembla une marche militaire dans ces temps de guerres sans merci, où ce qui échappait au fer de la victoire était entraîné pour l'ornement du triomphe et les douleurs de la captivité.

Comme il arrivait dans les parages de Moustapha-Pacha, lieu de casernement de la légion étrangère, l'un des officiers supérieurs de cette légion qu'il avait eu occasion de fréquenter, le commandant Kléber, petit-neveu de l'illustre général, l'aborda avec amitié.

« Ah! ah! messieurs du civil, l'odeur de la poudre vous tente; vous venez en promenade avec nous?

— Et fâché d'y être venu, commandant.

— Je comprends : vous aimez mieux le grondement du canon que le vagissement d'un enfant, ou les cris d'une jeune femme... Que voulez-vous? il fallait en finir : — meurtre pour meurtre... Mais ne parlons plus de cela; comme soldat j'ai mon code de droit commun qui n'est pas le vôtre... Et pour vous distraire, si vous le permettez, je vous emmène dîner chez un de mes collègues.

— Je serai de bien mauvaise compagnie, commandant, j'ai des cris de femmes dans les oreilles...

— Nous les ferons taire avec du vin du Rhône... Venez; vous êtes observateur, le petit ménage que nous formons, mon collègue et moi, vous intéressera. »

Cowel se rendit à l'obligeant empressement de l'officier, quitta avec lui la route d'Alger, monta la colline qui domine au sud Moustapha-Pacha, et en gravissant mille accidens du sol s'enfonça dans des terres incultes *semées* çà et là de petites maisons en ruines et paraissant inhabitées. L'une d'elles, cependant, malgré son délabrement extérieur attira son attention : une espèce de jardin de maraicher utilisait un petit enclos devant la façade intérieure de la maison, un homme y travaillait, un Français, d'environ quarante ans.

« C'est un corbeau d'armée » dit en riant à Cowel le chef de bataillon.

Cowel voyant une petite barrière ouverte entra sans façon comme chez un compatriote. Il adressa quelques questions au propriétaire sur les charges et les produits de sa propriété, sur les circonstances qui l'avaient amené et l'avaient fait acquéreur de ce petit domaine ; malgré une hésitation visible et un penchant prononcé au soupçon et à la malveillance, le colon répondit : J'étais joaillier à Paris, mes affaires étaient mauvaises, j'ai suivi l'armée d'expédition ; un lieutenant cantonné avec cinquante hommes dans cette maisonnette abandonnée avait dit : *c'est à moi !* j'ai donné au lieutenant assez d'argent pour jouir pendant huit jours des plaisirs peu coûteux d'Alger, et, comme lui, j'ai dit de cette maison : *c'est à moi*, après avoir eu toutefois la précaution de passer un acte devant le cadi. Depuis ce temps, je suis propriétaire dans la régence.

— Avez-vous beaucoup de terre ? demanda Cowel.

— Vingt-quatre arpens.

— Et combien de cultivés ?

— Deux en comptant ce jardin. »

Le littoral franco-algérien contient beaucoup de propriétés et de propriétaires semblables. Robert et l'officier auraient volontiers prolongé la conversation assez sèchement soutenue par l'ex-joaillier devenu colon, si une femme française, extrêmement jolie, accroupie à quelques pas de là et donnant des soins à un bien petit enfant, fut restée exposée à leurs regards ; mais le maître ou le mari lui dit d'une voix jalouse de rentrer, et ses visiteurs se retirèrent.

O le modeste confortable, le bon esprit d'arrangement, l'industrieuse activité du soldat français! sur le penchant d'une colline une maison plus petite encore, plus délabrée que ne l'était celle du joaillier, ses abords encombrés par des ruines glaiseuses et des végétations arrachées ; l'escalier primitif étant broyé, plutôt que brisé, un escalier en planches criantes, façonnées par le briquet d'un soldat, conduisait à un premier étage formé d'une pièce unique, basse, plus longue que large, percée de deux petites embrasures grillées, meublée d'un lit en bois blanc enveloppé d'un moustiquaire, d'une table à trois pieds, de plusieurs planches soutenues par des tasseaux portant les ustensiles les plus usuels du ménage, des effets d'équipement militaire, un carton à chapeau de femme et des pipes-indigènes, — et pour habiter ce réduit, plutôt que cette chambre, un officier supérieur et sa femme, un chef de bataillon marquant le nombre des cicatrices de sa poitrine par le nombre de ses décorations, sa femme digne et avenante Allemande ayant subi dans sa vie dévouée les vicissitudes de la vie guerrière, ayant, selon la paix ou la guerre, profité des douceurs de l'édredon ou accepté la sécheresse de la paille, l'abondance d'une table opulente ou la parcimonie de la ration, mais dans ce petit logis, dans cette solitude, déployant toutes les ressources d'une ménagère habile et d'une femme qui sait avoir mérité des hommages ; sur elle, autour d'elle, l'exquise propreté, luxe du pauvre, vernis à beaux reflets qui donne du ton aux couleurs les plus sombres de la vie.

Le commandant Kléber était, par suite d'arrangemens privés, le commensal de ce ménage, il présenta avec bonhomie Robert Cowel à son collègue, on mit la table, et le valet de chambre, à la fois cuisinier, femme de chambre et sapeur de la légion étrangère, Allemand dans la ressemblance de *Brandt*, prodigua ses soins intelligens pour l'ordonnance de ce frugal repas.

Notre juge parvint réellement à se distraire des sinistres idées que lui avait laissées l'exécution d'El-Ouffia. Ses hôtes animèrent leur conversation de tous les souvenirs des grandes guerres napoléoniennes, et, par un contraste assez usité en pareil cas, ils représentèrent les somptueuses réceptions, les grands galas, les bons couchés que leur avait offerts en mille occasions la politesse ou la reconnaissance des vaincus. Au plus brillant moment de ces peintures du passé, le dîner étant terminé, les convives plongés dans cette extase calme due à l'influence généreuse des vins du Rhône lorsqu'on les boit avec sobriété, la nuit baissant, les marches du fragile escalier vinrent à craquer sous le poids d'une personne qui les montait lentement. Le sapeur-valet de chambre n'avait point habitué son commandant à des pas de sylphe ni de gnôme, aussi les deux officiers ne firent-ils aucune attention à ce bruit qui leur annonçait la venue d'un importun.

Quelques secondes écoulées, un fantôme de grande taille, à tête de vieillard et dont les voiles blancs étaient tachés de sang, se dressa sur le petit palier de l'escalier, et s'arrêta avec l'expression de la surprise et du découragement sur le seuil de la porte. Les regards des quatre personnes assises dans cette chambre se dirigèrent ensemble sur cette apparition. Par un sentiment naturel à tout homme qui, portant des armes par état, est habitué à avoir son esprit sans cesse sur le qui vive, le chef de bataillon Kléber et son ami se levèrent rapidement prêts à agir au premier mouvement hostile que ferait l'étrange visiteur.

Le vieillard laissa passer sous sa moustache blanche un sourire glacé qui montra toutes ses dents. « Ne craignez rien, dit-il en excellent français, je viens mourir ici. »

Les convives se regardèrent étonnés.

L'Arabe passa sa main gauche au côté droit, se pressa le flanc; une violente contraction des muscles de son visage attesta qu'il ressentait une grande angoisse.

« Mais cet homme est blessé, s'écria la maîtresse du logis; il faut lui donner des soins.

— Arabe, dit le commandant Kléber, vous parlez français; entendez-moi bien.... Venez-vous de bonne foi demander ici un asile et du secours,..... ou portez-vous des armes cachées?.... »

L'Arabe sourit, ne fit pas un mouvement, ne prononça pas une parole.

« Commandant Kléber, dit l'autre chef de bataillon en étendant la main pour saisir son épée déposée sur le lit, — défions-nous de cet homme. »

Au nom de Kléber qui venait d'être

prononcé, l'œil de l'Arabe s'était ouvert bien grand, une larme en avait jailli, et sa main gauche, abandonnant son flanc droit, fouilla sous son beurnous, en retira un long pistolet, le jeta à terre....

« Je n'ai plus d'arme cachée, — dit-il; » et faisant un pas en avant, plongeant tous les rayons de son regard, subitement échauffé, sur l'officier désigné par le nom de Kléber :

« — Kléber! reprit-il d'une voix distincte, mais profondément émue ; — Kléber ! vous êtes un Kléber ?

— Son neveu.

— Le neveu du grand Kléber! » Il passa rapidement sa main sur ses yeux, qui s'emplissaient de larmes, tomba à genoux, et saisissant la basque de l'uniforme du commandant, y appliqua sa bouche. — Lorsqu'il releva la tête, ses lèvres étaient bleues.

« Vite, du secours! s'écria la dame allemande, il va perdre connaissance.... Où donc êtes-vous blessé?

— J'ai le bras droit fracassé; une balle est logée dans mon flanc droit. » Comme il faisait cette réponse, son corps s'affaissait.

Robert, les officiers, la maîtresse de la maison, s'empressèrent autour de lui, le soulevèrent avec les précautions les plus grandes, le portèrent sur le lit; ces quatre personnes réunissant leur ingénieux empressement, se mirent à panser avec l'habileté qu'inspire la vraie bonté, les graves blessures du vieil Arabe. Lui, eut un instant de faiblesse; à peine fut-il dissipé, qu'il tourna encore son regard attendri vers le commandant Kléber.

— Je cherche dans vos traits, mon officier, un souvenir du grand Kléber.

— Vous l'avez donc connu?

— Si j'ai connu le grand *Kléber!* et *le Sultan juste*, et *Napoléon!...* J'étais à la bataille de Saint-Jean d'Acre, monsieur, j'étais aux Pyramides, j'étais dans la Haute-Egypte!... »

Il s'était dressé sur son séant en se soutenant sur son poignet gauche. Les deux officiers le regardaient les yeux humides, la tête presque inclinée devant ce vieux débri d'une époque qui, grandissant de jour en jour dans la mémoire des hommes, sera peut-être à la fin citée par eux comme la *mythologie de l'histoire*.

« J'étais Mameluck... Vingt fois j'ai pu tuer de ma main le Sultan juste, Kléber et Napoléon : mon arme s'est toujours abaissée devant eux, et mon regard, pénétrant dans la poussière et dans la fumée du combat, observait ces trois visages, comme il aurait admiré la lumière échappée des yeux du prophète !...

— Mais votre sang coule plus fort, dit la femme du commandant ; retenez votre émotion, ne parlez pas.

— Oh ! le Bérébère sait bien, femme

française , quand il mourra !... Mon silence et vos soins seront inutiles.. . Laissez-moi parler, je croirai mourir sur le sable de Saint-Jean d'Acre, j'oublierai que mes os vont reposer sur les terres pourries de l'Algérien... Un Kléber dans votre armée, mes officiers !... Il nous a toujours semblé à nous autres vieux soldats de l'Egypte, que *Bonaparte* et ses soldats étaient descendus sur nos sables par des moyens connus seulement du prophète.... Et quand bien longtemps après, on a su dans les tribus du désert que Bonaparte était mort: « Il a emmené avec lui ce qui restait de son armée, » disions-nous ; et dans notre culte, à l'heure des prières, les plus dévots d'entre nous, après les versets du koran, disaient des mots qui rappelaient *Kléber,* le *Sultan juste* et *Napoléon!*...... »

Cette scène était d'une belle poésie ; le vieil Arabe à barbe blanche, souillé de sang, moribond et jetant ses dernières paroles dans la gloire du passé, était sublime! Robert Cowel, aussi bien que les deux officiers, fondaient en larmes.

« Votre nom, mon brave? » demanda le commandant Kléber, en prenant son portefeuille.

— Omar Ali, de la tribu des Bérébères.

— Je ne l'oublierai jamais, » répondit le commandant.

— Mes officiers, dans un instant vous me tournerez le visage vers l'Orient... Ne vous en fâchez pas, je veux mourir en vrai croyant.

— Vous sentez-vous plus faible? demanda Cowel.

— Oui, je sens la balle qui roule dans ma poitrine... Ecoutez bien... C'est mal, ce qui a été fait à ceux d'El-Ouffia... J'étais sous leur tente depuis deux jours, c'est sous leur tente que j'ai été frappé!... Autrefois, il a fallu la révolte du Caire pour que les Français tuassent ainsi... Nous les avions chaque jour en face, mais au soleil... jamais leur carabine ne soulevait les rideaux de nos tentes, pour nous brûler endormis!...

— Ceux d'El-Ouffia nous fuyaient au soleil, et assassinaient les nôtres tous les jours, interrompit le commandant Kléber. — Mais comment vous trouviez-vous avec eux?

— J'ai tant marché, dans ma vie!..... j'arrivais de Maroc..... l'empereur, sachant que j'avais appris à parler français du temps de la guerre en Égypte, m'avait envoyé..... Silence!..... je n'ai plus rien à dire..... Portez-moi dehors..... vite, dehors..... mon visage vers l'Orient! Vous, que l'on nomme Kléber, votre main, que je l'embrasse..... Verrai-je au ciel, dites-le moi, le Sultan Juste, Kléber et Napoléon? »

Le poignet de l'Arabe cessa de le soutenir, sa tête s'enfonça dans le traversin du lit. La balle, sans doute, changea de place, et roula dans les régions du cœur, car il poussa un léger cri.

« Dehors, reprit-il, portez-moi dehors. »

Les deux officiers et Cowel satisfirent à ce vœu; ils l'enlevèrent de dessus le lit, malgré la difficulté du passage, le descendirent sans secousse; et, sortant de l'enceinte de la maison, le déposèrent sur un tertre, son visage regardant l'Orient. Le rayon jaune et rouge du soleil couchant, brisé par une raquette qui était à quelques pas, lançait des lueurs inégales sur ce tableau d'un aspect pittoresque et touchant; les trois Français étaient à genoux autour du vieil Arabe, la dame allemande, debout derrière eux, pleurait.

Omar Ali sortit d'un demi-évanouissement : il ouvrit les yeux, un sourire passa sur sa figure agonisante.

« Bons Français! dit-il d'une voix bien basse, — Napoléon ne les a pas tous emmenés avec lui!..... Merci; le tombeau du prophète est là bas, j'y vais.....

— Le sapeur va revenir, dit le commandant Kléber; nous lui ferons faire une fosse à cette place, et nous-mêmes nous y coucherons cet Arabe. »

Demoiselle Juive...

L'esprit inculte et sauvage d'une Juive africaine s'éclaire aussi bien aux inspirations de l'amour, que l'intelligence cultivée d'une jeune Européenne. Johane, fille du Juif Abraham, avait compris, non par les communications du langage, mais par celles non moins persuavives, non moins pénétrantes, du regard et de l'*intonation,* que ses charmes avaient touché le cœur du jeune Français amené sous son toit par l'interprète Simon Barsia. J'ai dit l'intonation, car l'exaltation de l'amour veut la parole pour se produire, et lorsque la différence des langues rend indistincte la valeur littéraire des mots, reste le bruit de la voix, ses modulations, ses repos, ses demi-soupirs, ses accentuations qui, pour exprimer des passions fortes, sont les mêmes dans tous les idiomes. Chaque soir, Robert Cowel venait au milieu de cette famille juive contempler la suave beauté de Johane, et jouir des étranges empressemens que manifestait cette jeune fille lorsqu'il apparaissait dans sa demeure. Elle le montrait du doigt à ses sœurs, elle leur parlait de lui, son regard ravi, caressant, dénonçait naïvement le plaisir et l'éloge. L'ordonnance des vêtemens du jeune homme, ses attitudes, le son de sa voix, l'animation de son visage, ses cheveux, qu'elle se plaisait à tourmenter de sa main délicate, tout cela était l'objet de son attention, de son admiration, et pourtant rien d'immodeste en elle. A la voir ainsi, on aurait pu croire à l'oubli de toute raison : sa jupe courte ne faisait qu'un avec le corsage, qui n'avait ni collet, ni manches, ni plis, qui croisait faiblement, comme les robes *à cœur* de nos dames, et de manière à laisser voir les contours nus de la gorge; ses jambes, ses pieds étaient nus. Cet indiscret costume la rendait ravissante : elle faisait naître tous les désirs; mais étrangère encore à des impressions de nature à troubler le pur éclat de ses yeux, ignorante de l'effet produit par ses belles nudités, Johane conservait ingénument dans son maintien, dans ses gestes, dans son regard, un abandon qui n'ôtait rien au caractère virginal de ses traits, et cependant aurait paru lascif et effronté de la part d'une femme sachant plus que Johane ne savait.

Robert Cowel, comprenant toute la vérité de l'innocence de la Juive, éprouvait un délicieux plaisir à suivre les progrès de cette mystérieuse influence qui du cerveau passe au cœur, et du cœur, fluide nerveux, se communique à tous les sens. Il n'aurait pas voulu, aux dépens de tout le bonheur que peut envier un amant, porter subitement la lumière dans cette âme primitive, à l'aide de l'attentat d'un geste; mais chaque jour, dans son amoureuse analyse, il voyait Johane s'envelopper, comme à son insu, d'une réserve nouvelle, à mesure que l'indéfinissable science du cœur lui arrivait, réprimer son regard, modérer ses poses..... Lorsqu'un jour il vit un tissu de gaze laminé d'or tourné autour de son cou et voilant sa poitrine, il jugea qu'il était aimé, puisque la pauvre enfant connaissait enfin la nécessité d'un voile pour exprimer sa pudeur et protéger sa vertu.

L'aïeule de Johane, son père, sa mère, ses trois sœurs et son jeune frère, témoins continuels de l'assiduité de Robert, n'en prenaient aucun ombrage, car le Français conservait au milieu de cette famille de vaincus, d'ignorans et d'esclaves, la circonspection, la dignité de maintien dont il se serait fait un devoir dans une famille civilisée et française. Aussi, de l'entière confiance des parens de la belle Juive, — confiance qui, sans doute, ne s'en reposait pas sur sa seule vertu, — il résultait pour lui une tentation poignante qui, par instans, ébranlait sa raison, et mettait en péril la chasteté de Johane. Vers dix heures du soir environ, l'heure du sommeil était venue pour les habitans de cette *chambrée;* tous, sans s'occuper de l'étranger, étendus confusément sur une grande natte, recouverts d'une seule mais vaste couverture de laine rouge, qui semblait ne faire qu'un monceau de leurs corps inégalement rangés, — confiaient à la faible lueur de la lampe tombant de la voûte le soin de surveiller une intimité dont elle aurait pu, sans autre inconvénient, éclairer les plaisirs.

Dans ces momens de complète solitude, de délicieux tête-à-tête, Johane conservait son apparente tranquillité, son innocent abandon : assise aux côtés de Robert, comme rangée sous un charme plein de puissance et de délices, elle semblait languir, et, rameau flexible, laissait fléchir voluptueusement les contours de sa taille, afin de mieux reposer sa poitrine et sa tête sur la poitrine du jeune homme.

Un soir, Robert Cowel, qui avait dîné chez le général en chef, vint beaucoup plus tard que de coutume; il trouva la famille complétement endormie sous la couverture, Johane assise sur le petit divan, elle pleurait. La précaution du voile de gaze avait été oubliée, son sein agité, battait fortement; comme il était sillloné par les pleurs, il pouvait venir à la pensée d'un amant d'en effacer l'humidité par ses brûlans baisers.

A la vue du Français, Johane laissa voir sa joie; elle pleura encore, mais en souriant, en montrant l'émail si fin de sa jolie denture, et quel homme n'éprouva pas un cruel et délicieux plaisir à contempler ensemble sur le visage d'une femme aimée les larmes et le sourire, le sentiment du chagrin prêt à se perdre dans celui du bonheur! — Robert fut dangereusement ému....

« Que voulez-vous? » s'écria la Juive en s'échappant de ses bras.

Elle savait, avec les phrases les plus usuelles de la langue franque, quelques phrases courtes de langue française, apprises et retenues avec la mémoire de l'intelligence et du cœur. Cowel, oubliant qu'il ne serait pas compris, oubliant son habituelle sagesse, la retint, lui parla long-temps, vite, avec passion : elle le regardait, vraiment épouvantée, tout à coup, lui montrant la porte, de la main qu'il lui laissait libre :

« Venez, » lui dit-elle d'une voix impérieuse, se hâtant de placer un de ses doigts sur sa bouche pour recommander le silence : elle sortit à petits pas.

Il la suivit sur la galerie; elle monta l'escalier de la terrasse, il monta derrière elle. La nuit était belle, elle avait cette transparence du demi-jour qui conserve aux objets leur forme et presque leur couleur.

Se voyant seul en ce lieu, sous l'influence d'une atmosphère chaude, protégé par l'heure mystérieuse qui commence le jour et appartient encore à la nuit, il espéra dompter la résistance de cette enfant demi-nue, déjà à demi vaincue par sa langueur...

« Que voulez-vous de moi? » répéta-t-elle avec anxiété.

Il la saisit avec empressement dans ses bras, l'enleva de terre, appuya sur ses molles épaules ses lèvres brûlantes, et, dans cette étreinte passionnée, fit pénétrer au cœur de Johane la chaleur du feu dont il était dévoré.

« Jamais! jamais! » s'écria-t-elle vivement en glissant comme un reptile le long du corps de Robert, et tombant à genoux :

« Jamais! » répéta-t-elle en saisissant ses jambes contre lesquelles elle appuya sa tête avec des mouvemens convulsifs qui révélaient le douleureux combat de la nature exaltée prête à céder, contre la superstition ou la vertu décidée à résister et à vaincre.

« Je vous aime! — cria-t-elle avec sanglots — je vous aime! mais, moi, jamais à vous!.... moi *demoiselle*.... moi Juive! vous Français! vous chrétien!... Je ne veux pas! non, jamais! »

Et son corps se tordait à terre, ses bras restaient enlacés autour des jambes de Robert... En vain le jeune homme, ébloui par tous les charmes que dévorait son regard, voulut-il, par la hardiesse de ses caresses, porter atteinte à la raison de la jeune fille... il ne parvint qu'à précipiter ses larmes et redoubler sa douleur.

Pour échapper à l'audace de son amant, elle avait quitté son imprudente attitude, elle se dressa devant lui, et d'une voix puissante de volonté :

« Jamais !... les Juifs... oh ! les Juifs, lapider moi ! — Son geste effrayant rendait bien sa pensée. — Tuer moi, les Juifs, — si moi, demoiselle, me livrer aux Français... Mais je t'aime ! oh ! je t'aime ! » s'écria-t-elle en voyant Robert Cowel s'éloigner d'elle avec désespoir : et la malheureuse enfant se suspendait, éperdue, au cou du Français.

Robert comprit que le fanatisme religieux s'était placé entre lui et cette femme; convaincu de l'inutilité d'une attaque qu'il était incapable de pousser jusqu'à la violence, il écarta doucement de lui cette liane délicate qui, au moindre choc, cherchait un appui pour se soutenir, tandis que sa raison avait tant d'énergie.

« — Adieu ! » dit-il, en montrant le ciel, « voici bientôt le jour !.... »

Le Bine-Bachi.

« Eh bien ! Simon Barsia, votre imagination active a-t-elle été en quête ce matin de quelque nouvelle aventure !... Vous avez la physionomie causeuse.

— Je ne savais pas, monsieur, — répondit l'interprète en jouant la naïveté. — Ce matin, je n'ai rien entendu d'extraordinaire, si ce n'est le jugement que votre tribunal a prononcé dans une affaire d'un nommé Joly, contre le consul américain.

— Trouveriez-vous, par hasard, que nous eussions mal jugé?

— Si, comme on le disait à l'audience, l'intendant civil a fait venir ce matin le président chez lui, je ne m'en étonne pas.

— Nous avons donc mal jugé?

— Je ne m'en plains pas, monsieur; au contraire... j'ai l'honneur d'imiter M. l'intendant civil, j'aime beaucoup les Américains.

— Ah! ça, mais, au fait, langue de vipère, de quoi vous mêlez-vous?

— J'ai dit *au contraire*, monsieur, parce que le consul américain étant content de ce jugement, son interprète l'est aussi, et je suis l'ami intime de cet interprète.

— Vous paraissez former, messieurs les *drogmans*, une confrérie étroitement unie... C'est dommage que vous n'apparteniez pas au gouvernement français... on ferait de vous des *chefs d'administration*, et vous feriez échange de procédés entre vous....

— Monsieur voulait dire de vol?

— Simon Barsia, à un homme *prévenu* de vol, on ne lui dit jamais qu'il est un voleur, il y aurait diffamation ; on attend pour cela qu'il y ait jugement. »

Le Maltais jeta un regard oblique et scrutateur sur son patron ; certainement il craignit que le sarcasme de ses dernières paroles n'eût une arrière-pensée sérieuse. Simon était de cette espèce méchante qu'il vaut mieux écraser d'un seul coup que piquer par boutades.

« Si, cependant, — reprit-il sur le ton de l'indifférence, — j'ai entendu autres paroles que la décision de votre tribunal.... j'ai entendu causer de la violation du domicile de Sidi Taleb ;

— Vraiment ! et qu'en disait-on?

— On était indigné ; on disait que le mésouar et le Français, son associé, devraient recevoir cinquante coups de bâton sur la plante des pieds... on plaignait la repentie.....

— Elle a donc vraiment appartenu au mésouar?

— Non, monsieur.

— Pourquoi la prétention de ce misérable, et la qualification de repentie donnée à cette femme ?

— Oh! c'est tout une histoire !....

— Que vous savez, Barsia?

— Oui, monsieur.

— Et que vous avez hâte de me raconter, n'est-il pas vrai?

— Mon Dieu! non, monsieur, je vous jure. Pour cela, j'attendrai patiemment vos ordres... et si mon maître n'en a pas à me donner en ce moment, j'irai voir débarquer une curieuse cargaison qui nous vient de Gibraltar.

— Qu'est-ce encore, furet maudit?

— Oh! rien qu'un brick lesté de bandits

n'ayant ni liards ni pioches, et envoyés en présent à la colonie française par le gouverneur anglais de Gibraltar... C'est une attention.

— C'est une insulte.

— Pourquoi donc, monsieur ? des petites femmes mal-saines qui causaient du scandale à Gibraltar, — des vauriens qui donnaient de l'embarras à la police anglaise.... c'est pour épurer tout cela qu'on les envoie ici coloniser.

— Simon Barsia, vous êtes fort lié avec les drogmans des consuls anglais et américains, vous recueillez d'eux les mots insultans pour la France que ces gens-là surprennent dans l'intimité de leurs maîtres, puis vous vous plaisez à vous en faire l'écho... Vivez de votre propre fonds, et ne pillez pas l'esprit des autres; celui-là vous porterait malheur auprès de moi... Si les misérables dont vous parlez sont en effet envoyés dans ce port, il n'est pas douteux que le gouvernement les fera rembarquer (1); il y aurait autant de honte que de stupidité à prétendre faire un Botany-Bay de ce pays.

— Si mon maître voulait, je lui ferais le récit de l'aventure de la repentie?

— Vous seriez, Barsia, le conteur des Mille et Une Nuits, — dit Cowel en souriant; — je ne désespère pas de vous trouver un de ces soirs faisant dans un trou de mur les frais d'une veillée arabe.

— Pourquoi pas, monsieur, si je parvenais à apprendre d'eux assez d'histoires pour rendre la gaîté à l'esprit de mon maître?

(1) Je crois savoir qu'en effet *M. Pichon* se hâta de purger le pays de ces misérables, en forçant à se rembarquer tous ceux qui ne purent produire la garantie d'une bonne conduite et d'une industrie utile. J'aurais voulu qu'on demandât l'explication de sa *courtoisie* à M. le gouverneur anglais à Gibraltar.

(Note de l'Auteur.)

— Vous êtes obligeant, Barsia.

— C'est un de mes devoirs envers vous, comme de vous montrer un caractère égal.

— Merci de la leçon..... Contez donc, Simon Barsia. »

C'est une faculté incontestable chez les Orientaux, aussi bien que chez les Arabes, que celle du récit. Dans les classes d'hommes les moins éclairés, on trouve des conteurs qui possèdent par instinct l'art de la narration, la disposent d'une manière dramatique, ménagent ses péripéties et ses effets, et la nourrissent d'incidens de nature à la prolonger la durée au moins de deux veillées. Plusieurs fois, sur les dix heures du soir, nous nous sommes plu à nous arrêter auprès d'un de ces trous dont vient de parler Robert Cowel : dans le plus profond d'un cloaque, sous l'auvent d'une petite boutique placée dans un renfoncement, sur le débord en pierre d'un bâtiment ruiné, deux, trois, quatre, jusqu'à six Arabes, selon la capacité du trou, du débord ou de l'auvent, sont groupés, assis à la turque, autour d'un petit réchaud chargé de braise, si c'est pendant l'hiver, et leurs mains allongées sur ce misérable brasier, qui projette à peine une lueur sur une parcelle de haillon, sur un profil de visage livide, ils écoutent le récit chanté de l'un d'eux : psalmodie insipide pour l'étranger qui ignore l'esprit de cet idiome, et ne veut pas redescendre ou remonter à la portée de la nature primitive ; psalmodie pleine d'attraits pour les malheureux que sans doute elle distrait et console, car c'est fort tard dans la nuit que le fourneau s'éteint, que la psalmodie s'interrompt; écouteurs et raconteurs s'abandonnent dans la fange du cloaque, ferment les yeux, et souriant à la féerie du conte que leur retrace le rêve, ils élèvent leurs esprits indigens dans les palais de l'Alhambra, dans les harems des premiers califs, tandis que l'immondice qui leur sert de lit ajoute à leur vermine, tandis que le rat quêteur, familier avec une race qui partage sa misère, promène hardiment sa curiosité sur leurs corps endurcis.

« Voyons, enfin, Simon Barsia, contentez votre envie : l'histoire de la repentie ? j'écoute..... Mais avant de vous laisser parler, un avis : Vous avez vécu en Orient, la parabole et l'exagération sont les habituels décors de vos récits, et votre universalité dans les langues vous porte à ajouter à la richesse de celle que vous employez, les formules poétiques de toutes les autres, de sorte que votre éloquence se résume dans un mensonge... Epargnez-moi les embellissemens, soyez simple et vrai. »

L'avis, en forme de mercuriale, était assez sèchement exprimé; le Maltais, si chatouilleux dans les questions qui intéressaient son amour-propre, mordit, comme à la dérobée, sa lèvre inférieure, se dandina légèrement sur ses hanches, et sa bouche se contracta pour marquer un imperceptible sourire : il semblait que chaque offense reçue fût acceptée par lui avec un sentiment de plaisir, et comme devant servir à balancer un compte dont il produirait avant peu le résultat.

« Simon Barsia, j'écoute, » dit Cowel en s'étendant sur un petit divan.

« Fatma, la repentie, n'a jamais été peut-être aussi belle que vous l'avez vue sur la terrasse, et pourtant elle était bien jolie à l'âge de treize ans, lorsqu'il y a trois ans je la vis sans voile à la porte de la Cassaba.... Un bine-bachi, jeune homme de vingt-six ans, taille d'Arabe montagnard, tête de Bajazet, débarqua un matin, porteur d'un firman du soudan. *Hussein-Pacha*, le dey, lui fit l'accueil qu'était en droit d'attendre un envoyé du grand-seigneur : il voulut le loger dans la sublime forteresse ; le bine-bachi s'y refusa. Dans l'exercice de ses devoirs, ce jeune homme affectait le luxe et le maintien d'un pacha, et il aurait été *capitan* qu'il n'eût pas plus fièrement porté son sabre enrichi sur sa garde d'émeraudes et de rubis....

— Trêve des ornemens, Simon Barsia : en France, ce sont les laquais des grands seigneurs inutiles qui portent la tête le plus haut, et agrafent le mieux leur couteau de chasse......

— En Turquie, monsieur, ce sont les visirs, les capitan-pachas et les bine-bachis qui ont ce noble privilége... J'aime assez un pays où chacun conserve l'allure qui convient à son état. » Un geste d'impatience échappa à Cowel ; l'interprète sourit finement et reprit :

« Mais aussitôt sorti des heures du cérémonial imposé par sa mission auprès du dey, il se livrait à une simplicité, à une aménité de manières qui ne semblaient devoir appartenir qu'à un Européen. La première preuve qu'il en donna fut de vouloir auprès de sa personne un serviteur qui sût parler les langues de l'Europe. — Je sais l'italien, l'anglais, l'espagnol et le français; — je lui fut proposé, il m'accepta.

« A peine installé dans la demeure qu'il s'était choisie dans la ville, *Soliman*, le binebachi, pour distraire son ennui, transgressa en ma présence, et sans la moindre timidité, les usages et les lois prescrits par le Koran... Amateur de bons vins, il buvait comme un anglais; excellent musicien, il chantait comme un allemand; peintre, il peignait comme Annibal *Carache* de Bologne, qui embellit le palais *Farnèse* de Rome, — et à toute heure, sur sa belle et vive physionomie, je lisais toute l'ardeur des passions des différens pays dont il possédait les talens.

« Simon, me dit-il un jour en excellent français, tu as été en France?

— A Toulon, excellence.

— Oh! plus heureux que toi, j'ai vu

Paris. — Et ses yeux se fermèrent un peu, sa bouche montra ses dents, il souriait à un bon souvenir.

— Simon, reprit-il avec la poésie d'intonation d'une voix romaine parlant le toscan, tu as été à Rome, et à Florence?

— A Rome et à Florence, excellence.

— J'ai reçu la bénédiction du pape, — me dit-il à voix basse et toujours en italien; — j'ai courbé mon turban sous ces mots majestueux *urbi et orbi!*... j'ai vu la chapelle sixtine le jour du vendredi-saint.... je me suis perdu dans les groupes du carnaval de Venise!.... sous le masque du domino noir, j'ai chanté dans la gondole des lagunes la barcarole aux notes légères, une Française à mes côtés!

— Une Française! excellence?

— Oh, Simon! la Vénitienne, la Milanaise à Vienne, l'Espagnole à Constantinople, l'Anglaise en Suisse, et la Française partout! s'écria-t-il avec l'enthousiasme de la reconnaissance et la conviction du connaisseur.

—Simon, me demanda-t-il ensuite en bon anglais, — avez vous été à Londres? Mon geste fut négatif.

— Il est vrai, reprit-il, qu'un peuple qui n'a pour parfum que ses brouillards, pour plaisirs que ceux qu'il prend dans ses voyages..... — Et la réflexion s'acheva dans une grimace dédaigneuse.

— Excellence, osai-je ajouter avec l'intention d'être agréable à mon patron, je n'ai pas plus de goût pour l'Angleterre que pour la Russie... Eussé-je plutôt évoqué le diable ou le tonnerre! — « La Russie! — s'écria Soliman en langue turque, jetant au loin sa pipe, renversant le coussin du divan sur lequel il s'appuyait, — la Russie! que la pierre suspendue sur le cercueil du prophète tombe et se brise... que le croissant, brûlé par les rayons du soleil, fonde comme la feuille d'étain et incendie les mosquées de *Stamboul*, que l'empire ottoman s'écroule, mais que la Russie s'écroule avec lui!....

« La Russie, son empereur, son gouvernement ? mais il n'y a pas un Turc qui ne donnât ses os à broyer pour obtenir avant ce sacrifice la mort du dernier Russe!.. Tandis que notre Sultan, afin de ne pas faire une anomalie ridicule avec les mœurs de l'Europe, joue contre les chances des innovations sa popularité, la sainteté de son caractère qui fait sa force.... le Russe qui voit la lumière ceindre ses flancs, s'épouvante du jour qui va pénétrer dans son sein, il nous déclare la guerre, rêvant la gloire de l'incendie de *Tchesmée*, et oubliant que son stupide Orloff ne dut la victoire qu'à trois officiers anglais... il vient avec sa levée d'esclaves,... et il achète Warna! Honte et désespoir! Mahmoud, après la défaite du Pruth, ne peut plus rentrer au palais de Stamboul, et l'Europe ne croit plus à nous, car le Russe nous protége....Le Russe !... ho dans le *mortier*, supplice privilégié des *ouléma*, *Kourakin* et *Talleyrand* qui firent le traité de *Tilsitt !* Talleyrand, dont un grand homme de France a dit : *Il doit vendre son ami, car il vendrait son âme pour de l'or, et gagnerait au change, troquant ainsi du métal contre du fumier !*.... Oh ! si l'intelligence de notre divan pouvait être éclairée par un rayon de Dieu ! si le Sultan pouvait comprendre que la protection d'un ennemi est un ver familier qui s'arrête sur le cœur pour le piquer et le pourrir... si dans un mouvement de sublime désespoir et du plus haut des minarets de Sainte-Sophie, il criait à l'Asie de Mahomet : « *Stamboul* est miné par les mensonges de la chrétienté... Constantinople à qui voudra le prendre, Constantinople aux vautours politiques... l'empire sera où je planterai l'étendart du prophète !.... mais, en marche, l'Asie de Mahomet ! une course en

occident, passons sur Saint-Pétersbourg....
s'il disait cela !... »

— Cela se ferait! s'écria Robert Cowel
électrisé par les paroles fidèlement rappelées du bine-bachi Soliman.

— Cela se ferait ! reprit Barsia, c'est
aussi ce qu'ajouta le jeune Turc. Puis,
tout à coup se prenant à je ne sais qu'elle
idée, il mit la main sur son poignard, fit un
pas au-devant de moi, et me brûlant là vue
au feu de son regard : — Mais toi, qui m'écoutes, ne serais-tu pas un espion de la
Russie ?

— Que lui répondis-tu, Barsia?

— Rien à cela, monsieur; je tâchai de ne
pas fermer mes paupières, et avec le calme
que je conserve en ce moment, je lui dis :
Votre excellence a beaucoup voyagé? — Je
jetais ainsi de la glace sur son feu, et je
me vengeais, par mon insouciance de l'injure
de ses soupçons. Soit le sentiment de sa stérile énergie, soit confusion d'en avoir tant

dit, Soliman essuya des larmes qui remplissaient ses yeux, reprit sa pipe, et se replaça, calme, sur le divan.

Dieu est grand! » murmura-t-il en soupirant.... — Oui, j'ai beaucoup voyagé, et dans aucun pays l'ennui n'a menacé de m'étouffer comme en celui-ci.

— Votre excellence a craint d'exposer aux caprices des flots les beautés de son harem?

— Et tu connais, me dit-il, une femme qui me ferait oublier leur absence?

— Et qu'envierait le *kissar-aga* du sérail.

— Amène-la moi.

— Je la connais; mais je n'en dispose pas.

— Combien peut coûter une femme que tu connais? Il me méprisait en me faisant cette question.

— Cela dépend, lui répondis-je; celle dont je parle vaut plus de séquins que n'en contiendraient la Cassaba d'Alger, la colonne triomphale de Paris, et les cachots plombés de Venise.

— Tu veux faire valoir ton marché?

— Je ne vends pas; mais votre étoile vous donne.

— Me donne!... s'écria l'aventureux Soliman, — me donne!... eh! mais qui donc?

— Une femme qui l'a bercée, — Cabalo, la négresse de Tombouctou, — m'a dit hier que Fatma, la Mauresque, fille du vieux *Omar Secca*, vous a vu comme vous sortiez de la mosquée, vous a entendu lorsque vous chantiez des airs d'Europe... et elle a dit que le passage de la mer qui mène à Constantinople l'effrayerait peu, si sa tête pouvait se reposer sur le bras du bine-bachi Soliman....

— Epargnez-moi les détails, Simon Barsia, le mésouar?» interrompit avec l'expression de la répugnance le jeune juge d'Alger. Le visage de l'interprète se rembrunit d'une couleur plombée; il piqua encore sa lèvre avec ses dents et continua :

« Afin de vous épargner les détails.... Cabalo avait vu les rares sorties de Fatma épiées par un neveu de l'aga; le voisinage des terrasses avait facilité les regards curieux de l'Algérien; et, voulant à tout prix sauver la jeune fille, qui n'avait plus de mère, des tentatives d'un jeune homme qu'elle savait bien d'une alliance dangereuse, la négresse avait aussitôt conçu l'idée de faire épouser la fleur de la régence à l'envoyé du sultan. Elle m'en parla, — j'éveillai l'attention et les désirs de Soliman. L'Algérien, contrairement aux usages, ne quittait plus sa terrasse, et il remarqua bientôt à chaque coucher du soleil deux têtes se regardant à longue distance, l'une voilée, mais comme attentive dans sa pose, l'autre étincelante sous les feux de l'aigrette de diamans qui surmontait son turban.

Le caractère de l'indigène se manifesta

bientôt.... un matin, de grand matin, j'accourais tout éperdu auprès de Soliman :

— La fille d'Omar Secca va être enlevée! lui criai-je.

— Par qui?

— Deux janissaires et un familier du dey forcent sa demeure.

— La demeure de Fatma!

— Qui va passer dans le harem du vieil Hussein. »

En un instant le jeune Turc fut devant la maison de la belle Mauresque ; elle était ouverte; Omar Secca pleurait sur le seuil; Cabalo criait, se tordait les bras; lorsqu'elle aperçut le bine-bachi, elle s'élança dans la rue: «A la Cassaba!» s'écria-t-elle d'une voix furieuse; et l'aventureux Soliman prit sa course vers la forteresse. Il atteignit un groupe qui y allait entrer, se précipita, le poignard à la main, devant la grosse porte. « Cette femme est la mienne; si elle pénètre ici, — frappant la porte du manche de son arme, — elle est souillée!... Rendez-moi la femme que je veux épouser... Arrière, vous tous! »

Le firman du grand-seigneur, scellé du grand sceau de l'empire, et qui justifiait de sa mission, était dans sa main gauche, son poignard brillait dans la droite... Les janissaires, intimidés, reculèrent; Fatma, ne voyant que les horreurs du harem, tomba à genoux sous ce bras puissant qui s'étendait sur sa tête, et Cabalo riant, pleurant, criant, la soutint. La disposition de cette scène est impossible à retracer, tant elle fut rapide. La grosse porte de la Cassaba roula sur ses gonds; le *vékil-hardj* (1) sortit de la citadelle suivi d'une forte escorte.

« Bine-bachi, que Mahomet et ce firman protégent, dit-il avec autorité, cachez votre arme, laissez passer cette femme... et, ce

(1) Ministre de la marine et des affaires étrangères.

soir, venez à l'audience de congé d'Hussein, dey.

— Que ce firman protége donc aussi, s'écria Soliman, la femme que je choisis.... Hussein, dey, la demande! le vieillard veut que la pureté de l'enfance serve à stimuler ses passions éteintes?... Cette femme est pure, car son visage n'a encore été vu que de sa nourrice et de son père! cela plaît à votre dey!.... Cette femme est souillée!... car à la clarté du jour, vous tous, vous avez vu sa beauté! — Dans un mouvement d'une incroyable rapidité, il dégarnit des plis du aïk la tête et les épaules de Fatma... Vous l'avez vue, monsieur! — dit le Maltais à Robert, avec toute l'intelligence de la passion. — La pauvre enfant recevant sur son visage et sur son sein nu un rayon du soleil, fut comme éblouie; elle s'affaissa dans les bras de Cabalo.... Je fis un pas pour admirer... la porte de la Cassaba se refermait avec bruit... Fatma et la négresse n'étaient plus là, mais leurs cris retentissaient sous la voûte de la forteresse; un groupe de soldats descendait la rue, entraînant Soliman.

— Et l'esclave noir du harem l'a rejetée, flétrie, dans les bras du mésouar, n'est-il pas vrai, Simon Barsia! — demanda Robert Cowel en soupirant.

— Hussein, dey, vieillard sobre et fort peu tourmenté des passions du harem, n'était pas complice de cet enlèvement; une vengeance d'Algérien, un tripotage de cour avaient arrangé cet attentat, et ce n'est qu'au moment où le poignard fut tiré par le bine-bachi, que l'ordre du prince devint positif. Le soir, Soliman, incapable de crainte, se présenta devant le dey, qui, avant de l'admettre à l'audience d'honneur, l'entretint long-temps dans un joli kiosk où il se retirait ordinairement pour lire et prier. Ce qui fut dit dans cette entrevue, personne ne le sait. A une heure de là,

Soliman parut à l'audience en présence de tous les membres du divan. Son œil, ordinairement étincelant, était morne, son visage contracté, ses lèvres serrées; et, en prononçant le compliment d'étiquette, il heurtait ses dents si violemment que ses mots étaient indistincts. Hussein lui sourit à plusieurs reprises, l'appela son fils, baisa le firman du grand-seigneur, lettre de créance de l'envoyé, qu'il reconduisit familièrement jusqu'à la porte de la salle du divan.

Il faisait nuit noire, le fanal du môle était enveloppé par les brouillards de la mer agitée, un coup de canon retentit dans la baie, c'était la corvette turque qui levait l'ancre.

Juive et Mauresque.

« Et Fatma?

— Au lever du jour suivant, elle sortait de la Cassaba, le tchauch-mésouar lui donnait le bras.

— Le mésouar !

— Hussein permit qu'elle fût inscrite aussitôt au livre des repenties, si un Algérien se présentait pour la réclamer.

— Mais son père?

— Il était mort à minuit.... Ce fut Sidi Taleb qui se présenta; Sidi Taleb, voué au commerce des damas fabriqués dans l'Atlas, avait des amis dans le divan, il recueillit Fatma....

— Qui est devenue sa maîtresse?

— Qui depuis trois ans pleure, embellit, et défend, par les émotions convulsives de son désespoir, le trésor de sa virginité.

— Tu sais cela?

— De Cabalo, sans cesse les yeux ouverts sur la natte de la jeune fille, et décidée à ne les fermer que le soir où Fatma vaincue, lui dira : « Dors, Cabalo.»

— Ainsi elle n'est point l'épouse de Sidi Taleb?

— Non; car pour fortifier sa persévérance, elle possède un talisman.

— Lequel?

— La tête de Soliman.

— La tête de Soliman! cria Robert Cowel.

— Soixante-dix jours, environ, après le départ nocturne de la corvette turque, la même corvette reparut dans la baie; deux noirs en débarquèrent, montèrent à la Cassaba portant un coffre, et, une demi-heure écoulée, une tête jeune et belle fut clouée sur la porte de la citadelle. Un passage d'une lettre du sultan était placardé en forme d'écriteau au-dessous de cette tête, et traduit dans les trois langues turque, arabe et juive.

Il disait ceci : « Soliman, bine-bachi, en-
« voyé par notre sublime volonté auprès de
« notre fils chéri, Hussein, dey, prince élu
« de la régence d'Alger, a méconnu les de-
« voirs de sa mission, le respect qu'il de-
« vait à nos alliés les plus chers, aux usages
« sacrés de la glorieuse ville d'Alger, jusqu'à
« dépouiller publiquement de ses voiles une
« femme mauresque, l'arracher à la garde

« qui la protégeait, exciter par sa révolte
« l'insubordination des Maures envers le
« prince, — et insulter violemment à la di-
« gnité du nom russe.... »

Le front de Cowel se plissa, son regard
sonda la conscience de Barsia; et, repro-
duisant les paroles de Soliman :

« Mais vous qui me parlez, n'êtes-vous
pas un espion?

« Par ces raisons, renvoyons à notre fils
« chéri Hussein, dey, comme satisfaction
« d'un outrage à son rang et à nos amitiés,
« la tête de Soliman, bine-bachi. »

Simon Barsia avait achevé la citation du
placard avec l'imperturbable sang-froid d'un
homme dont la conscience est murée.

« Et la tête du jeune Turc? » reprit Cowel avec une insistance involontaire.

— Le lendemain, elle avait disparu. Un
janissaire, gagné par une générosité inconnue, l'avait décrochée pendant sa faction...

Cabalo, elle-même, l'a embaumée; et chaque soir la tête de Fatma, celle de Soliman reposent sur le même oreiller.

— Cette histoire est bien triste! dit Cowel oppressé.

— Mais vous pouvez, monsieur, en égayer le dénoûment.

— Sans trop de mérite je le ferais, car je n'aurais pas à braver le sabre du tchauch, la colère d'un dey, ni la susceptibilité d'un sultan. Mais je ne rechercherai pas les joies d'un pareil bonheur!... Assez sur cette femme: le souvenir de son infortune m'émeut; que ce soit tout.

— Monsieur se rappelle aussi le visage de la Mauresque?

— Oui, damné, placé auprès de moi par la fatalité, afin d'égarer ma raison.... afin plutôt de m'offrir la ressemblance vivante du Méphistophélès tentateur; oui, je me rappelle l'éclatante beauté de cette femme;

oui, son aventure m'attendrit ; oui, je comprends le charme qu'il y aurait à effacer par les baisers d'un nouvel amour les larmes d'une première passion qui l'a laissée pure... Mais veux-tu, dis-moi, malheureux, veux-tu que deux têtes d'hommes, celle de Soliman et la mienne, envisagent ensemble l'adorable visage de cette Fatma... Veux-tu qu'affrontant la rivalité, je trouve le sommeil dans ses bras, et que, dans l'oubli du rêve, ma bouche aille se perdre sur le front d'une tête morte ?

— Je ne veux pas cela... Mais la Mauresque, avant de vous permettre de lui apparaître à l'heure du sommeil ou de l'insomnie, saluerait du dernier adieu ce qui reste du bine-bachi, et, vaincue, dirait à Cabalo : *Dors, Cabalo.*

— Que ce soit tout !... Plus rien, plus un mot ! Penses-tu, Barsia, que chez un Français l'amour soit un goût d'impureté et de prostitution ! — Penses-tu que j'aille brutalement, sans l'aimer, détacher du sein de cette jeune fille cette fleur d'ignorance et de pureté, son plus bel ornement ; — penses-tu, qu'impuissant à protéger son avenir, à donner un nom à sa faute, je me chargerai d'éteindre de mon souffle sans âme cette auréole qui, l'autre jour encore, enveloppait sa tête....

— Je ne pense pas cela.

—Que cherches-tu donc alors à faire pénétrer dans mes désirs et dans ma volonté? Faut-il te le dire, Simon Barsia, j'aime!... Johane, fille d'Abraham, Johane, tête de Rachel, pure comme Fatma, plus solitaire encore dans sa virginité, puisqu'elle ne demande pas au débris d'un cadavre un aliment à ses souvenirs, une distraction à sa veillée... Johane, je l'aime! et que cet aveu ferme à jamais ta bouche sur tout autre amour qui ne serait pas le sien.... Que cet aveu.. et je vous le dis, Barsia, avec toute l'énergie du soupçon, toute la puissance de la résolution, que cet aveu brise vos jambes le jour où vous aurez l'audace de monter l'escalier de la Juive.

— Un interprète devient inutile à monsieur dans la maison d'Abraham?

— Autant qu'en ce moment. »......

Et pourtant, malgré la poésie de ses protestations, lorsque la nuit vint, Robert Cowel, oublieux de Johane, resta dans sa demeure; à l'heure de la lune, il monta sur sa terrasse... Illusion fantastique, réalité produite par le hasard! le haut-bois chantait des airs de France, encore *Gabrielle*, *les Petits Emigrés*, et cette charmante romance : *Triste regrets, sortez de ma pensée*, que composa une femme bien spirituelle, bonne encore aujourd'hui, quoique vieille demoiselle et dévote. Autrefois, elle était amie des arts et de *Garat,* dont elle accompagnait de sa voix d'archange les chants vraiment célestes.

A portée du regard de Cowel, sur la

terrasse de Sidi Taleb, une Mauresque, une seule! Elle n'avait point de aïk; son corps, incliné sur le garde-fou, indiquait dans sa pose la méditation ou l'attente. — Elle attendait, car lorsque parut Robert Cowel, elle tressaillit, s'agenouilla, éleva vers lui ses bras nus, et lui cria ce mot : « Merci! » avec l'expression d'une reconnaissance pleine de ferveur. Dans l'impossibilité où il était de rendre sa pensée de manière à être compris, le Français, tout ému, contempla, sans répondre ni de la voix, ni du geste, cette Musulmane dont il venait d'apprendre les malheurs.

Fatma ne changea point d'attitude ; et, comme si elle eût voulu entendre une parole: « Merci, » répéta-t-elle encore. Robert, à cette insistance, ressentit un violent déplaisir de ne pouvoir pas même confier à son regard, à cause de l'éloignement, sa joie pour un si expressif souvenir. La curiosité doubla son impatience, bientôt elle stimula sa résolution : il posa un pied sur le parapet, s'enleva, franchit la distance, et tomba d'un bond léger devant la Mauresque épouvantée.

— Oh ! le Français ! » cria-t-elle à demi voix en se renversant en arrière. Robert, à genoux lui-même, afin de lui prouver son respect, saisit ses mains qu'il baisa. Comme elle était belle dans le désordre de sa pose !

« Fatma ! dit Robert.

— Robert Cowel ! » répliqua la Mauresque.

— Mon nom ! vous savez mon nom ! » C'était tout ; pour lui faire comprendre tout le danger de son imprudence, elle n'avait que des demi-cris, et tout l'effroi qui jaillissait de ses beaux yeux : mais cet effroi était à son comble ; on voyait qu'elle voulait l'exprimer, elle agitait sa tête, ses lèvres, frappait son front, faisait effort comme les muets obsédés par le besoin de la parole ; elle prononça à voix basse et très-vite une phrase arabe, puis, plus haut, comme si elle eût trouvé le mot perdu :

« Français! mort!... Sidi Taleb, yataghan, Français, mort!

— Robert Cowel n'est pas Soliman le bine-bachi, » répondit Cowel.

— Soliman! cria à grande voix la Mauresque en se levant brusquement; Soliman! — Saisissant Robert par le bras, elle le fit tourner sur lui-même, afin que la lune éclairât son visage, approcha le sien tellement près, que sa froide haleine lui glaçait les chairs.

«Non, Soliman! non, Soliman!» reprit-elle en fondant en larmes, « Soliman, mort!.... Et avec la soudaineté de la passion : — Vous, Français!..... vous, Robert Cowel! brave Français! bon Robert Cowel! »

« Qui vive! » vint à crier la sentinelle placée à la porte de la maison du maire qui était voisine.

« Cabalo! » dit la Mauresque d'une voix étouffée, et prêtant l'oreille. En effet, ce clapottement d'un pied nu sur une dalle n'avait point échappé à l'ouïe fine de Fatma. La négresse, au moment même, montra sa tête au trou de la terrasse, dressa son corps, mais resta droite, immobile.

« Cabalo! » répéta la jeune fille en fléchissant. Robert se retourna vers la négresse, marcha à sa rencontre, lui montra une pièce d'argent, en lui disant :

« Dors, Cabalo. » La vieille *gouvernante* sourit avec une étrange expression, prit l'argent, et en échange, mit une tête d'homme dans la main du Français.

« Plus de Soliman, lui dit-elle ; gardez cela; je le donne à vous, pour que vous l'enterrer... *Fatma, Fatma, ia gardu* (1). — Fatma s'approcha, tremblante.

« *Fatma,... kechemy thebit iun œrges emsien Français... Ella Soliman... Assu Cabalo igen... Hemselah hare, Fatma* (2). »

(1) Viens ici, Fatma.
(2) Fatma,..... tu aimes un jeune homme Fran-

Elle se retirait; la Mauresque se précipita à ses côtés, l'enveloppa de ses bras :

« Cabalo! Cabalo! » lui cria-t-elle d'une voix suppliante.

Robert Cowel, qui n'avait rien prémédité, comprit que cette scène devenait trop bruyante; il reprit, pour y appuyer ses lèvres, la main de Fatma, et se recula en disant : Bonsoir.

— Hemselah hare, Robert Cowel, » répondit la Mauresque, et elle disparut. Cabalo était restée; elle montra au Français que sa terrasse, plus haute que celle de Sidi Taleb, et séparée par un intervalle de plusieurs pieds, ne pourrait pas être franchie; elle lui fit signe d'attendre, descendit, remonta bientôt après avec une petite échelle qu'elle appuya sur le parapet supé-

---

çais..... plus de Soliman..... Aujourd'hui Cabalo dormir... Bonsoir, Fatma.

(Idiome mozabi.)

rieur comme une planche, et qu'elle retint avec ses bras nerveux : c'est sur ce pont fragile que le magistrat français regagna sa demeure, emportant dans son cœur deux amours; celui de Johane, fille d'Abraham le changeur, celui de Fatma la repentie, et pour gage de ce dernier amour, la tête d'un homme.

Jalousie.

Le lendemain, Robert Cowel descendait lentement la rue de la Cassaba, lorsqu'il fut abordé par une femme voilée qui le suivait depuis sa maison.

« Malado, Français?

— Non, » répondit séchement Robert

en cherchant à échapper aux questions d'une femme qui ne pouvait être qu'une courtisane.

« Malado, Français? » redemanda l'inconnue en lui barrant le passage.

— Non, » répondit-il encore avec une brusquerie plus prononcée.

— Tant mieux! — dit la femme voilée d'une voix triste et résignée — Johana, moutcho malado, moutcho chagrine, moutcho pleurer!

— Johane ! » s'écria le jeune homme en examinant la personne qui lui parlait et qui était d'une taille plus élevée que celle de la belle Juive.

— Johane! — répéta-t-il. — Vous connaissez Johana?

— Johana, moutcho malado, moutcho pleurer... Non malado, Français? »

La femme voilée s'éloigna après ces paroles; il y avait des larmes dans ses yeux lorsqu'elle jeta sur Cowel un regard d'adieu.

Pour lui, il sentit un remords porter à son front le rouge de la honte : il allait rendre la justice, faire peser les sévérités de la loi sur des fautes qui avaient eu pour résultat de troubler l'ordre établi; et, dans l'audience à laquelle il allait assister, pas un prononcé de jugement, peut-être, qui ne dût retomber sur sa conscience, et la flétrir de la condamnation qu'il allait invoquer contre autrui.

La Juive si pure, si belle, si calme avant de le connaître, — malade de son oubli d'un jour! La Mauresque à demi consolée d'un meurtre qui fit plaie dans son âme, commençant, avant qu'il lui apparût, à tolérer ses souvenirs et la gêne du présent; maintenant livrée aux nouveaux dangers, aux nouvelles douleurs que lui promettait son nouvel amour! Deux existences pour suffire à une passion qui n'avait d'excuse à ses propres yeux que dans le frivole et incertain caprice des sens ! *Juive* et *Mauresque* pour le Français vaniteux, inconséquent et assez hardi pour vouloir absorber les préjugés de deux religions contraires dans le déshonneur de ses seuls désirs! Cowel se dit cela avec amertume ; car il lui restait trop de raison pour méconnaître les droits même du vaincu, trop de probité pour insulter sans peur à la vertu sans défense ; et, d'ailleurs, il n'oubliait pas que, pour ajouter à son trouble intérieur, se manifesterait tôt ou tard la vindicte de l'opinion si active à punir les torts isolés, si implacable dans la protection qu'elle accordait en ce pays à la servile vertu des femmes.

Juive et Mauresque! Renoncer à toutes deux! Choisir l'une ou l'autre? Consoler par l'amitié celle qu'épargnerait l'amour ? Mais *Cassiodore* a écrit au livre de l'amitié que la fréquentation d'une femme, fût-elle chaste, jetait un brandon dans le sein ; mais *saint Jérôme* a dit qu'il faut également aimer toutes les femmes, ou également les ignorer. Fatma! Johane! Cowel était au supplice; il maudissait sa curiosité, il maudissait Simon Barsia, l'interprète, qui l'avait conduit, sans qu'il s'en expliquât le motif, en face de deux passions, peut-être au bord de deux abîmes. Et il était dominé par la généreuse crainte du mal, lorsque le soir il pénétra dans la chambrée d'Abraham le changeur. Sur les traits de la famille entière la tristesse était empreinte; mais Johane... elle avait renoncé à l'habituel négligé de sa toilette; elle avait revêtu tout l'éclat que permet le costume des Juives : à ses oreilles pendaient des girandoles en diamans, à son cou une *rivière* en or, lourdement sculptée; ses poignets, ses chevilles étaient garnis de larges bracelets d'or; une nappe de draps d'or tombait sur sa tunique d'un tissu brun, mais frangée de soie écarlate; ses petits pieds étaient chaussés, quoique nus, dans des souliers à paillettes d'or; son corsage drapé aurait encore laissé entrevoir les chairs de sa poitrine, mais une gaze laminée en argent, placée avec toute l'adresse de la coquetterie, faisait à peu près l'office du voile, et aux feux de la lumière projetait de blancs reflets sur la pâle figure de la jeune fille, — bien pâle, au moment où parut Robert, mais idéalement belle, animée par des passions qui la contractaient étrangement, parce qu'elles lui étaient nouvelles : passion de l'amour, exprimée par la trace enflammée des larmes; passion de la fierté blessée, en lutte avec le désir de plaire; passion de la jalousie, trahie par l'inquiétude du regard, la colère de la bouche et l'orgueil du maintien.

Cowel s'arrêta stupéfait sous le rideau de laine verte, portière de la chambre; il admira cet éclat de parure et de beauté.

« Il n'est pas malade, le Français! » dit Johane avec amertume, et sans quitter la place où elle se tenait droite et immobile.

«— Il n'est pas malade, mais triste, » reprit Robert.

«—Triste! » cria la Juive avec un rire bref et heurté; « triste, le Français ! » et ses lèvres se serrèrent.

«—Johane! » reprit Robert d'une voix caressante et en s'approchant; « Johane, que vous êtes belle !

— Non, pas Johane, » reprit la jeune fille. Elle allait rire encore, un sanglot la suffoqua; elle fit un incroyable effort pour comprimer son rire, ses pleurs, sa colère et sa douleur, qui allaient lui échapper.

« Qu'avez-vous? » demanda Robert avec une réelle inquiétude.

« Hadji, Judith..... venez, monsieur. » Elle saisit le bras de sa sœur, celui de Cowel, les entraîna avec elle, suivit la galerie d'un pas précipité, monta la première sur la terrasse; et là, paraissant plus libre dans ses mouvemens, ou plutôt trop souffrante pour contenir davantage le sentiment qui la poignardait, elle se retourna brusquement sur Cowel :

« Français (1), ici à Johane..... ici, » montrant la dalle de la terrasse avec colère, « moutcho amour..... moutcho chagrin..... moutcho plaisir!..... molto, beaucoup!..... Johane, pleurer; Johane, contente; Johane, tomber, là, par terre..... Veremente, Johane amare Français!..... » Pleurant et trépignant : « E verò, bon Français se divertire in casa di me..... amare Johana, amare Johana...» Lui prenant la main : — « Perchè dire comme ça?...

— Johane! » interrompit Cowel, en cherchant à calmer la jeune fille.

(1) Je n'ai pas mis de vanité à me rendre inintelligible en adoptant cette formule de dialogue; mais dans un ouvrage de mœurs, j'ai cru devoir, au moins un moment, reproduire, et dans toute sa vérité, le désordre de la langue franque telle qu'elle est parlée à Alger, surtout par les Juifs dans leurs relations avec les Français. (*Note de l'Auteur.*)

« — Non è verò Johana, non è verò Johana! » cria-t-elle en se reculant; « Fatma, Fatma!

« — Fatma ! » répéta le Français consterné.

« Si Fatma! si Fatma! » montrant une distance qui, à vol d'oiseau, ne devait pas être éloignée : « jeri, la sera, la notte, me là, ici.... me dire comme ça non venir, Français!.... malado Français!.... Français, non venir !.... Français ? la luna del cielo montrare Français, là bas, accanto Fatma... bravo Français!...... pauvera Johana..... bravo Français! per Dios, je ne ments pas!..... » Le désespoir de cette belle fille était à son comble; sa sœur la soutenait et pleurait avec elle.

Cowel, atterré par cette scène si inattendue d'amour et de jalousie, profondément attendri par cette douleur si naïve, dont il était la cause, ne put que saisir avec tendresse les mains de Johane, les presser sur son cœur, les couvrir de ses baisers.

Johane le laissa faire, puis regarda sa sœur avec étonnement.

« Judith, perchè Français fare comme ça?... Français, non amare Johana; amare Fatma!

— Non, je ne l'aime pas! non, ange de grâce et de beauté, je n'aime pas la Mauresque : j'aime la Juive, si tendre, si jalouse et si belle!..... Je t'aime, Johane..... Judith, dites-lui donc qu'elle arrête ses larmes, qu'elle calme son chagrin..... Johane, le Français t'adore!..... »

Il parlait, il pressait la Juive dans ses bras, il prenait les mains de Judith, il était subjugué, le passionné jeune homme; et, dans l'exaltation de cet amour des sens, il oubliait ce que sa situation avait d'inconvenant, ce que ses sermens avaient de fragilité.

On ne peut tout dire.

On concevra comment il se fit que Robert Cowel, livré à la longue solitude des soirées et des nuits, eût accepté, en quelque sorte, afin de calmer les ennuis de son isolement, la préoccupation de deux amours qui, ni l'un ni l'autre, ne pouvaient, à cause de leur nature, être définis dans son esprit. Cette préoccupation, d'ailleurs, turbulente, orageuse alors qu'elle se manifestait, ressemblait à ces fièvres intermittentes et réglées dociles au signal de l'horloge; elle faisait battre ses artères et palpiter son cœur, elle, donnait de la violence à ses désirs, de l'énergie à ses projets à l'heure où le soleil au couchant n'avait plus de rayons pour échauffer les colonnades de marbre, les dalles de faïence des maisons de la *Reine-Mère* de la régence. Mais, délivré de l'obsession romanesque due aux heures du soir et aux ténèbres, Robert redevenait lui-même, curieux de connaître et d'observer tout ce qui pouvait éclairer son intelligence et perfectionner son jugement. Les devoirs de sa place, les convenances de sa position le retrouvaient, au jour, attentif et soigneux de complaire à leurs exigences; la faculté de sérieuse analyse lui était rendue, et il reprenait son exploration tacite du système général qui agissait sur cette terre disputée à la victoire par la duplicité, la trahison, l'ignorance, — la politique d'en haut et d'en bas, de l'extérieur et de l'intérieur, du consul et du banqueroutier faiseur d'affaires.

Les consuls surtout irritaient la curiosité du jeune juge ; il avait apprécié toute l'action qu'ils pouvaient exercer pour ou contre le nom français, et, comme il entrait patriotiquement et de bonne foi dans la pensée de *colonisation*, il suivait avec une extrême inquiétude les démonstrations les plus réservées des diplomates-consulaires. Assez de motifs, sans les arrières-pensées de ces messieurs, contribuaient à alarmer la conviction de Cowel ; il savait que le chef civil de la régence s'était refusé nettement à inscrire au protocole des lettres : *Colonie d'Alger*, disant, pour justifier l'adoption du mot *Régence*, mot vide de sens depuis la conquête : « Ce n'est pas bon à dire tout haut, mais *nous ne pouvons pas mettre colo-*

nie »; il savait de plus que ce fonctionnaire ne formulait son accueil à tout visiteur disposé à livrer de l'or aux chances de l'essai colonial, que par cette phrase inqualifiable : « Allez-vous-en; que venez-vous faire à Alger?... perdre votre argent!... vous faire couper le cou!... Allez-vous-en... Voyez, moi, je ne sors pas... Il n'y a rien à faire ici. » Et désenchantés par la *naïve franchise de l'intendant* que la confiance du gouvernement français avait, — on aurait dû le supposer, — chargé du soin d'accréditer la consistance morale, territoriale et industrielle du pays, des chefs de maisons de Lyon ou d'autre ville, descendaient, tristes, la rue de la Marine, remontaient dans le canot de leur bâtiment... mettaient le cap sur la France.....

Robert Cowel savait cela, *bien d'autres choses encore!*..... et il n'en était que plus attentif à observer les représentans de l'*étranger*, dont les menées pouvaient être favorisées — contre le vœu sans doute de l'*intendant* — par l'inconséquence (1) ou l'*impéritie* de ce chef civil.

De tous les consuls, ceux de la Grande-

(1) Après avoir placé les mots *inconséquence* et *impéritie* dans un paragraphe qui paraît avoir la *véracité de l'histoire*, et à propos d'un homme auquel il a fallu un talent réel, ou des circonstances bien étrangement favorables pour monter de la condition obscure d'un obscur *précepteur* aux importans emplois qu'a remplis le personnage que je veux désigner, je m'arrête sur la valeur de ces mots (qui n'ont point été jetés au hasard), afin d'engager le lecteur à convenir que la continuité dans le mouvement d'ascension d'un homme n'est pas toujours le résultat de la solidité de son jugement ni de sa capacité.

La persévérance de l'ambition peut s'allier avec la rectitude de l'esprit, comme elle peut aussi lui rester étrangère. Dans la condition administrative, il y a un genre de mérite sujet à désaveu, mais que récompense plus volontiers le succès; celui-là n'est pas le vrai mérite, qui voit loin et

Bretagne attiraient davantage les regards de Robert, car leur influence se laissait voir jusque dans l'origine des denrées jetées dans la circulation du commerce,— et leur

de haut, qui ose, qui essaie, qui hasarde, qui a de l'élan, de la générosité, de l'universalité, qui livre aux chances du sort une pensée d'avenir, qui s'isole des petites tracasseries, qui répudie les petits moyens, les sales intrigailleries, qui a horreur du mensonge, de l'espionnage, de la délation, qui ne jette pas de la boue sur des plaies, des calomnies sur des malheurs.... celui-là enfin n'est pas le mérite réel, à grande taille, à voix pleine et libre, au regard ferme et sûr, au jeu de physionomie régulier... Non, ce mérite qui réussit le plus ordinairement, qui a cours dans les *départemens* ministériels, c'est un mérite peu hasardeux, peu aventureux, sans élan, sans universalité, mérite de paperassier, mérite de procureur, faisant d'un mot une affaire, d'une affaire vingt *dossiers*, de vingt dossiers?... rien.... mérite; ayant tous les défauts antipodes du réel mérite; mérite dissert, doué de faconde, mais d'ailleurs pauvre de moyens, sans vues, sans aperçus,

attitude révélait bien leur réelle importance. Toutefois, le consul général lui parut, vu de plus près, un homme fort mé-

à l'œil couvert, au regard miope et douteux, au jeu de physionomie contractée, au dos voûté; mérite de chaise bourrée, *de bouts d'ailes* et de taille plume, le plus souvent inquiet, tracassier, envieux, trivial, quinteux, atrabilaire, accommodant cela avec je ne sais quelle servitude aux ordres des événemens...

Ce mérite là, qui est évidemment le petit mérite, est pourtant celui qui réussit; il tient la corde tendue et soutient le balancier du méchant homme ou du sot en travail d'ascension... Ce mérite là, jusqu'au jour de la justice qui n'arrive que fort tard, met le pied sur le cou, passe sur la tête de l'autre mérite... et comme la réussite commande, à tort ou à raison, la bonne opinion et l'estime, on a souvent entendu dire d'un homme taillé sur ce triste patron :.. « Ah ! c'est un homme d'esprit, de mérite... qui a du jugement et qui possède la *triture* des affaires. » — Pitié ! —

Voyez les *Lettres à un Conseiller d'état.*

(*Note de l'Auteur.*)

diocre, plein de morgue, infatué de son intimité avec les *Torys* en crédit dans la chambre des lords, et peu disposé à communiquer avec les Français. Une conversation chez le duc de Rovigo mit Robert dans le cas de mieux juger le vice-consul anglais, et de lui promettre une visite à sa famille.

Il faut sortir par la porte Bab-el-Oüed pour gagner la route qui conduit à la maison des consuls d'Angleterre; c'est une promenade qui offre de l'intérêt. Notre héros s'arrêta un instant devant les fours à chaux, presque tous en ruine, et devant les souches qui avaient supporté les moulins; car peu de ces moulins subsistent, ce qu'il en reste n'est là que pour mémoire, et atteste, par de graves avaries, que ce n'est pas assez de la pensée qui élève, il faut encore celle qui utilise et conserve. Plus loin est le jardin du dey qui, au temps du gouvernement turc, rapportait *seize mille* francs de jasmin

et de fleurs d'orangers par an, et, en
1832, procurait à son *fermier quinze
cents francs de légumes.* « Voilà de l'agri-
culture bien entendue! » se dit Robert.
Il haussa les épaules en pensant à tous les
honteux tripotages auxquels ce ridicule fermage avait donné lieu. Depuis peu de
jours, le jardin du souverain de la régence
venait de recevoir une destination nouvelle :
les bâtimens qui le commandent du côté de
la mer allaient devenir un hôpital, et, à la
place des légumes qui avaient succédé aux
pieds de jasmins et d'orangers, on allait cul-
tiver des plantes médicinales, en y ajoutant
les agrémens du jardin de botanique : idée,
qui, du moins, se rattache à une vue utile et
philantropique, et n'a besoin, pour obtenir
une estime égale à l'intérêt qu'elle inspire,
que d'être exécutée avec la bonne foi, l'intelligence et les lumières sans lesquelles la
meilleure entreprise ne saurait avoir de
durée. A propos de cet hôpital naissant, un

souvenir pénible vint à l'esprit de Cowel : il se rappela qu'un *médecin anglais* venait d'en être nommé le chef, choix aussi inconvenant qu'anti-national, choix motivé par des circonstances d'une nature telle que, pour les caractériser, il faudrait armer son style de la formule incisive du pamphlet. N'aurait-il pas été plus convenable, plus rationel, dans le cas où la colonie n'eût pas renfermé de sujet assez distingué pour occuper dignement le poste de médecin en chef de l'hôpital, d'appeler de France un de ces jeunes praticiens dont notre patrie est féconde, et dont le talent honore les Facultés qui les ont enseignés; jeunes gens pleins de cœur, de science et de courage, capables de faire respecter partout le nom français, et incapables, eux habitués à ne devoir les dignités de leur profession qu'aux chances glorieuses du concours, incapables de les accepter comme bénéfice d'une intrigue de harem ou d'alcôve.

Après avoir dépassé le jardin du dey et le fort des Anglais, on quitte les bords de la mer pour se rendre aux consulats de Suède, de France et d'Angleterre, et l'on prend une route montueuse qui domine bientôt le rivage de plus de cent pieds ; à un quart de lieue de distance, cette route s'encaisse dans un épais buisson qui la protége de son ombre et vous conduit jusqu'à la demeure du vice-consul anglais. Robert Cowel s'arrêta un instant devant la maison pour considérer le site et reposer ses yeux sur des fleurs d'Europe et de France dont un petit jardin se trouvait embelli ; il écouta aussi les accords d'un piano touché avec une grande habileté, surtout avec un moelleux remarquable.

Personne ne se présenta lorsque Robert franchit la porte de la cour; il attendait, n'osant appeler, un Cabaïle vint à lui, et lui fit signe de le suivre, devinant sans doute un visiteur. Il l'introduisit dans un grand salon du rez-de-chaussée. C'est de cette pièce que le piano se faisait entendre ; deux petites filles charmantes de l'âge de sept à neuf ans étaient assises auprès de l'instrument et écoutaient ; l'exécutant, c'était un jeune soldat de notre infanterie, gauchement placé sur son siége, empâté dans son uniforme, affaisé sur lui-même. — Il promenait sur les touches avec rapidité, âme et précision, sa main grossie, déformée par les ouvrages de la caserne et le maniement de son fusil.

Le vice-consul, M. *Tuline*, parut : homme à la taille élancée, aux formes gracieuses et avenantes, à l'expression de visage douce et distinguée, portant sur ses traits le sérieux de quarante ans et la jeunesse de trente. Il accueillit avec distinction le magistrat d'Alger, et peu après le présenta à sa femme, à sa belle-sœur qu'il avait fait avertir. Au bout de peu d'instans, Robert eut reconnu qu'il se trouvait dans l'intérieur d'une de ces familles anglaises dont les mœurs pures et douces s'accommodent et font choix de toutes les vertus de l'intimité, de tous les plaisirs calmes du foyer de famille. La conversation ne fut ni guindée, ni monotone. M. Tuline, qui avait rempli les fonctions de consul-général à Tunis, et résidait depuis dix ans dans la régence d'Alger, donna sur le pays les détails les plus intéressans, les plus curieux, et les présenta avec un grand bonheur de narration. Une particularité singulière de sa vie, c'est qu'Anglais d'origine, né à Tunis, il n'avait jamais été en Angleterre. Quant à ces dames, elles avaient habité Londres : les souvenirs de leur grande capitale servaient à animer le récit de leurs impressions nouvelles, et l'expression de leur condition respective, l'une de mère, l'autre de demoiselle ; car dans les familles anglaises où la bonne éducation est observée, la différence est sensible dans le maintien de chacune de ces conditions. L'épouse, la mère de famille n'a plus qu'une préoccupation apparente, celle de ses enfans, de son mari, de son ménage; ces riens qui remplissent les entretiens avec des étrangers, n'attirent aucunement son attention; sa parole et son éloquence sont gardées pour la peinture de la vie intérieure. La demoiselle, au contraire, avant de s'asservir aux devoirs sérieux du ménage, recueille des habitudes du monde tout ce qu'il est permis d'en retenir, s'affectionne à des occupations d'art ou de littérature, lit beaucoup, exprime vivement, avec abondance et poésie. La sœur de madame Tuline possède ces facultés, et tout impressionnée, tout impressionnable, fait un contraste piquant avec la réserve, l'abnégation de la femme du vice-consul.

Au moment où M. Tuline était entré, le soldat pianiste s'était retiré. Allemand, appartenant à la légion étrangère, il venait donner des leçons de musique aux deux petites filles, charmantes créatures, fraîches et mignonnes, attentives aux leçons du *voltigeur*, et plaçant gaîment sur la touche, à côté de sa main noircie par la poudre de l'exercice à feu, leurs mains blanches et délicates.

Cette visite fut pour Robert Cowel un des bons momens qu'il eût encore passés depuis son arrivée dans la Régence : il venait de retrouver ce parler, ces formes, ces usages, cette bienveillance du monde bien élevé, dont le souvenir devait se perdre dans la vie triviale de la ville algérienne, et en descendant la route qui conduisait au bord de la mer, il avait l'âme disposée aux idées honnêtes, simples, sans emphase et sans passion; il avait presque oublié qu'heure de l'obscurité sonnée, la folie de ses deux amours allait lui revenir.

Au moment où il mettait le pied sur le seuil de son habitation, un Maure, préoccupé, lancé dans une marche rapide, le heurta violemment, et, sans se retourner, continua sa course comme s'il n'eût fait que toucher de son beurnous un coin de muraille, ou une croix catholique. « Ces gens-ci, pensa Cowel, n'ont d'égards que pour la force visible; ils se retourneraient pour saluer la poignée d'un sabre ou la dent d'un chien, et n'ont pas un mot d'excuse après une brutalité dont ils ne prévoient pas le châtiment. » Cette réflexion terminée, il monta son escalier avec insouciance, Simon Barsia montait derrière lui.

« Monsieur est fatigué?

— Possible. Que me voulez-vous, Barsia; nous étions convenus que je ne vous verrais que demain.

— C'est que j'ai craint que demain fût trop tard pour rendre service à un pauvre diable...

— De vos amis?

— Non, monsieur, Dieu merci; mais un compatriote.

— Mauvaise relation... Mais enfin que voulez-vous?

— Rien que de la justice, pour Honéreus Martini, traduit demain devant votre tribunal.

— Qu'a-t-il fait?

— Ce dont on ne l'accuse pas, et il n'a pas fait ce dont on l'accuse.

— Point d'ambiguité! Barsia. Pour quel motif votre Honéreus Martini est-il arrêté?

— On veut qu'il ait escaladé la terrasse d'un Maure, » dit Barsia avec ingénuité.

« — Et pour cela?.... » reprit Cowel un peu interdit.

— Pour cela, monsieur, le Maure a porté plainte au cadi, le cadi au commissaire de police,... et mon compatriote est arrêté; monsieur le juge demain.

— La condamnation ne saurait où se

prendre, Simon, avec le renseignement que vous me donnez-là.

— Tant mieux, car ce que j'ai dit est sincère.... Après cela, je serais bien reconnaissant si monsieur voulait être indulgent, dans le cas où l'affaire serait mal présentée... car avec la justice on est tout étonné de retrouver noir ce qui n'est que gris.

— Gris foncé, n'est-il pas vrai, Barsia?... J'écouterai bien l'exposé des faits, et si votre compatriote ne me paraît pas avoir escaladé la terrasse par un motif infamant.... je ferai pour le mieux. N'est-ce que pour cela que vous êtes venu? car avec vous, Barsia, on ne sait jamais dans quelles eaux l'on se trouve, ni sur quel cap on court. Voyons, n'avez-vous rien autre chose à me dire?

— Oh! rien... d'ailleurs monsieur paraît fatigué de sa course chez le vice-consul d'Angleterre...

— D'où savez vous que j'ai été voir cet étranger? » demanda Cowel étonné.

« J'allais à la pêche sur les rescifs qui avoisinent le fort des Anglais... j'ai aperçu monsieur sur la hauteur, marchant dans la direction des consulats...

— Curiosité de furet... œil de lynx!

— Oh! seulement du hasard, » répondit l'interprète avec sa voix d'imperturbable innocence.

« Au fait, Barsia, — reprit Cowel comme se ravisant, — je ne veux ce soir rien entendre de vous... J'ai l'esprit calme; cette promenade m'a rafraîchi le sang, m'a fait du bien; la vue de cette famille anglaise si pure, si bienveillante, m'a disposé à des réflexions pures et douces... Je ne veux pas du tapage de vos récits, du scandale de vos anecdotes. Comme cela était dit : à demain Barsia, j'ai une entrevue avec un Maure; vous me serez utile.

— On a bien raison de dire que les Français, monsieur, ne sont jamais plus calmes qu'au moment du danger.

— La réflexion est souvent juste.... C'est bien, laissez-moi, bonsoir.

— Au moment où mon maître m'adresse cette politesse, bien des Maures espèrent que les Français d'Alger n'auront pas de lendemain.

— Laissez-leur cet espoir, et dormez sans crainte, pour peu que la présence des Français en ce pays vous soit utile.

— Il ne s'agit cependant rien moins que d'un massacre général.

— Bah! on ne va pas à vêpres dans Alger.

— N'est-ce qu'à vêpres que puisse frapper un assassin?

— Les assassins politiques consacrent assez volontiers les temples par des meurtres. — Vous savez beaucoup de choses, Barsia... Remontez dans l'histoire et redescendez jusqu'à *Capo-d'Istrias* tué par Mavro-Michalis sur le parvis de Saint-Spiridion de Nauplie.

— Encore une fois, monsieur, la fin du

ramadhan peut être funeste aux vainqueurs d'Alger.

— Les vaincus le disent, et ils attendent, Barsia !...

— L'Arabe sait si bien attendre !

— Il devrait se taire du moins.

— Ses paroles sont encore une preuve de sa résolution.

— Et dans quelle tête aurait été conçu ce projet?... Car il ne faut pas s'occuper de la main qui exécuterait... Les misérables qui ne sont que des moyens sont si vite désarmés ! Coupez la tête conspiratrice, et le poignet tombera... Est-ce un Maure ?... est-ce un Arabe de la montagne ? »

Barsia parut s'étonner de la naïveté de la question : que le complot fût aussi sérieux qu'il le disait, ou non ; — qu'il en fût instruit, ou qu'il l'ignorât, il trouva étrange la révélation demandée,

— Monsieur me croit peut-être du complot?

— Pourquoi pas!... Il y a tant d'audace dans votre finesse, que vous croiriez avoir fait une œuvre à la fois plaisante et méritoire, en m'avertissant par forme de *on dit*.

— Monsieur me garde ayant ces idées?

— Qu'importe, si je ne vous crains pas?.. Seriez-vous ce que cependant je ne voudrais pas vous croire, ne vous ai-je pas dit, en vous prenant, qu'un adroit coquin a quelquefois son utilité? — Et, dans ce cas, j'aurais eu raison, car un plus honnête homme m'en aurait, sans doute, moins appris. »

L'interprète laissa éclater un rire guttural dont l'inconcevable jeu de sa physionomie masquait l'insolence.

« Les Français ne doivent pas avoir tous autant d'esprit que monsieur? » osa-t-il dire en reprenant son attitude respectueuse.

— Les Français, Barsia, craignent l'ennui... Quittons-nous. — A demain. »

L'interprète ainsi congédié, Robert Cowel rassembla toutes les forces de sa raison pour se rendre maître des vertiges d'amour qui le persécutaient pendant ses nuits. Au prix de quelques larmes de regrets, il voulut penser à la France, se fortifier derrière ce souvenir, et nourrir sa veillée entière des idées qui furent pour lui devoir et vertu sur la terre de la patrie, — Il y parvint : des lettres de sa mère, morte tandis qu'il était encore bien jeune; deux lettres d'une femme, la première dans les yeux de laquelle il eut osé lire... rejetèrent ses émotions dans le passé; — et le sommeil vint appesantir sa paupière avant que son imagination eût évoqué la présence de la *Juive* ou de la *Mauresque*.

Une Heure de Justice...

La porte intérieure de la maison de Sidi Taleb se fermait au bruit de deux serrures et de deux verroux, au moment où Robert, endormi, entrait en souriant dans le drame d'un beau rêve.

Il était onze heures du soir. L'Algérien, de retour dans la ville au coucher du soleil, après une absence de cinq semaines, avait communiqué avec plusieurs Maures, et de ces entretiens il était résulté dans son esprit la volonté de ne pas se montrer aussitôt dans sa maison ; vers huit heures, il s'était rendu à la mosquée, en était sorti à neuf et demie; avait été reprendre une longue conversation avec quatre personnes, parmi lesquelles deux Maures, un Juif et un *Maltais*, et seulement à l'heure que je viens d'indiquer, se décidait à rentrer chez lui.

Cabalo, la négresse, avait su dans la soirée l'arrivée de son maître ; les trois femmes veillaient lorsque Sidi Taleb se présenta. Il s'arrêta sur la galerie, s'appuya sur la porte ouverte du salon, et, les jambes placées l'une sur l'autre, les bras croisés sur sa poitrine, les yeux baissés, la tête couverte du beurnous noir de voyage, il resta là, statue de pierre, laissant deviner, par son impassibilité, la colère en méditation, la vengeance en projets. Car ce n'était pas ainsi que Sidi Taleb avait coutume de reparaître, après un voyage, dans la chambre de ses femmes; ses absences fréquentes conservaient à son intérieur l'attrait de la nouveauté qu'il aurait perdu dans une fréquentation continue, et c'est ordinairement la joie au front, l'œil enivré de désirs qu'il revenait s'asseoir sur ses divans. Aussi, le caractère de son apparition fut-il parfaitement compris, et si Fatma la repentie dût se promettre, en cette instant d'angoisse, un châtiment pour son infidélité sacrilége, ses deux compagnes ressentirent, quoique innocentes, l'étincelle électrique de la peur, et, consternées, muettes en présence de cette muette colère, elles attendaient le moment.....

« Cabalo! » cria le Maure d'une voix aigre, « Cabalo, viens ici. » La négresse se montra, et intelligente à ce point qu'elle calcula d'un regard et dans un jet de sa pensée toutes les chances du péril possible, elle prit son parti, débarrassa ses bras nus de son aïk bleu, releva sur ses hanches la ceinture mal nouée qui retenait sa jupe, puis, prête à tout événement, se plaça à distance du bras de l'Algérien.

« Me voici, maître, » dit-elle avec calme.

Sidi Taleb souffrait horriblement de sa compression mentale; enfin, sa figure s'anima, ses yeux s'ouvrirent, il rejeta en arrière le capuchon du beurnous, changea son attitude, et d'une voix pleine et lente, il prononça cette phrase du Koran, dont l'interprétation changeante prenait un sens terrible en ce moment :

« *Une heure de justice vaut soixante-dix jours de prières.* »

Les trois femmes inclinèrent leur tête, comme affaissées sous le fardeau de la sentence qui leur révélait une justice cruelle.

« Azéma, Ebbé et toi, Fatma! — il écrasa la pauvre repentie par le regard de plomb qu'il lui lança — et toi aussi, Cabalo,... et moi, Sidi Taleb... nous allons mourir tous les cinq!

— Mourir! » crièrent ensemble quatre voix.

« Mourir! répéta Taleb d'une voix sombre », et il reprit son impassibilité en s'appuyant contre la porte.

Il y eut dans cette chambre un silence et un état de torpeur qui durèrent plus de six minutes. Il semblait que la promesse de la mort eût suffi pour la donner : respirations, battemens du cœur, regards, mouvemens, tout était fixe, le grand ressort de ces cinq existences était arrêté, le flambeau de leur pensée, comme ces lueurs enfermées sous des cristaux glacés, n'avait plus qu'une clarté pâle sans chaleur et sans reflets. — Horrible recueillement!

« *Une heure de justice vaut soixante-dix jours de prières.* »

Redit encore Sidi Taleb.

Les trois femmes, d'un mouvement spontané, quittèrent le divan et tombèrent à genoux la tête sur la dalle. Cabalo resta droite, et dans la puissance de sa volonté, que pouvait seconder sa taille et sa force, arrêta ses yeux d'hyène sur son maître.

« Vous avez bien entendu, » dit le Maure ne prenant pas garde à son eclave, « nous allons tous mourir ; car ici, dans cet abominable lieu, la foi du mariage est rompue ! tout ce que le prophète recommande à la femme de pudeur et de chasteté, femmes de Sidi Taleb, vous l'avez oublié !... La sainteté de nos usages garantie par nos lois rend inviolable à tout étranger, à tout homme, à tout chrétien le secret asile de nos maisons, et ma maison a été violée par des étrangers, par des hommes, par des chiens de chrétiens !.... Votre visage, fleur fragile, à l'éclat menteur, que décolore et flétrit le moindre souffle du vent, le premier regard

indiscret, Mahomet l'a voulu conserver pour la gloire de votre jeunesse, l'orgueil et l'amour de vos époux, il l'a voilé... Et vous, impures, vous avez retiré vos voiles devant les ignobles regards d'un chrétien... Regarde-toi, Fatma, regarde-toi, malheureuse : la rose d'innocence dont t'avait parée le repentir a quitté ton front souillé... Regarde tes bras, ta gorge, ton visage, le mésouar y a placé la tache de sa pensée dégoûtante !.. »
— La fureur de Sidi Taleb prenait enfin sa grande voix, ses gestes menaçans, et ce désordre qui précède le coup de poignard dans une vengeance d'amour. — « Fatma ! cria-t-il en étendant ses deux mains... je te voulais, je t'adorais..... ta résistance avait accru tes charmes, elle plaisait à ma passion..... je laissais faire au temps..... Le temps est venu, tu vas mourir ; car je ne te veux plus ! tu me fais horreur avec tes souillures d'amour chrétien..... Il ne sera pas dit sous le portique de la mosquée, que

Sidi Taleb a été déshonoré sans en mourir... Mais avant cela!... » se retournant brusquement sur la négresse— « toi, Cabalo, vieille infâme à qui il ne reste pas assez de cheveux gris pour en tresser le cordon dont je voulais t'étrangler..... je te tuerai la dernière, tu m'aideras à porter ces trois corps à la porte du mésouar... Azéma, Ebbé, Fatma..... le prophète vous pardonne!

« *Une heure de justice vaut soixante-dix jours de prières.* »

Un sifflement se fit entendre, la lame d'un yatagan étincela comme l'éclair en décrivant un demi-cercle, un cri perçant retentit..... Le Maure Sidi Taleb tombait à la renverse en même temps que Fatma. La négresse, les genoux sur la poitrine de son maître, accroupie avec l'énergie musculaire du tigre, de ses genoux et d'une main suffisait pour contenir Sidi Taleb, de l'autre main lui serrait la tête avec trente tours du aïk bleu; et lorsque ses cris furent complètement étouffés, elle saisit une corde dont elle s'était précautionnée, lia les bras, les jambes du malheureux.

« Maintenant, dit-elle en se relevant, plus de salut ici pour nous... Je ne le tuerai pas ; non, Cabalo ne doit pas porter du sang de son maître..... Qu'il vive..... Mais vous, femmes faibles, fuyez..... — Courant à la repentie, et la soulevant dans ses bras : — Du sang ! oh ! que de sang ! Mais il t'a fendu la tête ! Fatma, mon enfant ! Fatma, qui m'as adressé ton premier cri en entrant dans la vie !... Fatma, dont, la première, j'ai vu la bouche sourire... dont, la première, j'ai compté les premiers pas... Fatma, te fermerai-je les yeux ? envelopperai-je du lange de mort le corps qu'avec tant de précaution j'ai enveloppé du lange de vie ?... » En prononçant tant de mots, Cabalo ne restait pas inactive. Si, dans les mœurs de sa race, la douleur était verbeuse, du moins n'était-elle pas stérile : elle réchauffait de son souffle la jeune fille évanouie, elle étanchait son sang; le yatagan aurait partagé sa tête horizontalement, mais le bras de Sidi Taleb avait été arrêté par la main de Cabalo, et la lame n'avait fait que fendre les chairs du front dans toute sa largeur. Quant aux deux autres femmes, elles poussaient des cris, pleuraient, se roulaient sur les divans. Douleur stupide de la bestialité souffrante; car qu'attendre de pauvres êtres hébétés par une existence négative, n'ayant en ce moment à défendre aucun des grands attachemens pour la protection desquels la nature accorde à toutes les espèces une poignante énergie: elles n'avaient que de la peur, ces femmes; Fatma, baignée dans son sang, c'était pour elles une rivale abattue; — Sidi Taleb terrassé, baillonné, c'était le despote que leur servitude conjugale admettait dans leur lit, sans la possibilité d'un refus, qui n'est jamais assez complet pour ne pas irriter le

plaisir et doubler le prix du consentement.
— Elles n'avaient que peur.

Cabalo voyant Fatma ouvrir les yeux, se releva :

« Azéma, Ebbé, voulez-vous que demain, au lever du jour, cet homme, débarrassé de ses liens, fasse rouler nos trois têtes?... Marchez derrière moi, si vous voulez vivre..... et, avant cela, encore une précaution. » — Elle saisit Sidi Taleb par les pieds, le traîna dans le salon des femmes, enleva Fatma dans ses bras, ne jeta qu'un regard impérieux sur ses deux compagnes, et sortit sur la galerie. Azéma et Ebbé se précipitèrent à sa suite. — Elle poussa les grands battans de la porte, les ferma au verrou, déposa un instant son fardeau, descendit en courant, ouvrit grandes toutes les portes aboutissant à la rue, remonta... et, Fatma encore dans ses bras, Azéma, Ebbé derrière elle, elle gagna la terrasse.......

L'Enlèvement.

« Qui va là ? » demanda Robert Cowel, à demi endormi et entendant une main qui tourmentait la serrure de Tunis dont sa porte était fermée.

« Qui va là ? » répéta-t-il plus haut, le bruit continuant.

Il saisit un briquet phosphorique sur une table voisine de son lit, ralluma sa bougie, et, enveloppé dans sa robe de chambre, se présenta près de la porte :

« Cabalo ! Fatma !.... » dit une voix du dehors.

« Veillé-je ? » pensa Cowel. Il ouvrit. Son étonnement est impossible à rendre ; mais avant qu'il eût pu se rendre compte de cette étrange et périlleuse visite, il remarqua Fatma portée par Cabalo, la tête renversée sur son épaule, et perdant beaucoup de sang. Il fit signe à la négresse d'entrer, et, sans faire la moindre attention aux deux autres Mauresques, il prépara rapidement un appareil et des bandeaux dont il enveloppa le front de la belle repentie. Lorsque ce premier pansement fut achevé, il voulut orienter ses idées, s'expliquer l'inconcevable présence de ces trois femmes ; Cabalo n'était plus là, l'agile négresse avait disparu, et lui, condamné à un mutisme désespérant, regardait, cherchait à comprendre, voyait à peine, et ne comprenait pas. L'heure s'écoulait..... Cabalo revint, Simon Barsia avec elle.

« Veillé-je? » s'écria Cowel. « Barsia, Barsia, que veut dire ceci? Barsia dans le secret de ces femmes ! Tout m'échappe..... Barsia, vite, parlez? mon incertitude est affreuse ! »

La figure de l'interprète était placée dans l'obscurité, mais son maintien et sa voix attestaient la consternation.

« Monsieur, répondit-il, cette affaire est grave.....

— Mais encore, bourreau, quelle est-elle ?

— Cabalo m'apprend que Sidi Taleb, revenu ce soir dans sa maison avec la connaissance de l'invasion du mésouar... peut-être d'autre chose encore... a voulu tuer ses trois femmes et son esclave. La négresse n'a retenu qu'à moitié le premier coup porté sur Fatma, elle a terrassé son maître, l'a garrotté..... et, certaines de mourir si elles restaient près de l'Algérien, ces femmes viennent vous demander asile et protection.

— Asile! Barsia; mais à quoi ne m'exposé-je pas?

— Je le disais à monsieur, l'affaire est bien grave!

— Mais que faire?

— Les forcer à rentrer dans leur demeure, dit Barsia avec une hésitation jouée.

— C'est impossible, répliqua Robert; il y aurait une stupidité cruelle à leur dire : « Allez vous faire tuer! »

— Les livrer au cadi, continua l'interprète sur le même ton.

— Pour qu'il les rende à leur maître!

— Peut-être... l'autorité française étant avertie...

— L'autorité française affectera de ne

pas vouloir connaître d'un événement de cette nature, ou son intervention sera stérile..... D'ailleurs, ai-je mérité d'être compromis dans tout ceci ?.....

— C'est vrai, dit Barsia en regardant Cabalo.

— Mais que faire, Barsia?

— Les cacher, alors.

— Où?

— La maison de campagne que monsieur m'a fait lui louer près du *grand Café* est inhabitée.....

— Vous les y conduiriez ?...

— Si monsieur l'ordonnait.

— A l'heure de l'ouverture des portes, vous partirez.

— C'est entendu.

— Vous êtes sauvées, » dit Barsia en arabe aux trois Mauresques, « mon maître vous donne asile. »

Les pauvres femmes Azéma et Ebbé sortirent de l'apathie où elles étaient plongées, et levèrent sur le Français un regard reconnaissant; le trouble de Fatma avait une expression toute particulière : elle se leva, marcha vers Cowel, et prenant sa main, la baisa.

« Barsia, dites à cette pauvre créature qu'elle reste assise sur le divan : elle est bien faible, elle souffre, » dit Cowel tout ému.

Fatma prononça quelques mots.

« Elle dit qu'elle est heureuse, monsieur, » dit ensuite l'interprète.

« — Ah! Barsia, quant au mésouar et à son dégoûtant associé, je ne les oublierai pas; j'aurai bien peu de crédit, si je ne leur fait payer cher ce désastreux événement! »

L'interprète parut traduire aux Mauresques ce que venait de dire son maître, car elles le regardèrent avec assentiment : leur tranquillité même semblait revenir peu à peu; mais Cabalo, au contraire, exprimait une inquiétude d'instans en instans plus visible, elle épiait surtout la figure de Barsia. Un peu avant que le jour ne parut, elle dit aux femmes : «Je vais chercher les aïks, » puis s'éloigna.

Elle revint au bout d'un quart d'heure portant les aïks, un petit coffret et le yatagan de Sidi Taleb; elle riait, l'intrépide négresse, et, mêlant le dialecte arabe à la langue franque, elle raconta, avec la pantomime la plus animée, qu'elle était entrée dans la chambre même où gisait son maître, qu'il se débattait d'une manière effrayante pour débarrasser ses bras de la corde et sa tête du aïk bleu; mais qu'elle, lui mettant encore les genoux sur la poitrine, avait resserré le aïk et la corde; puis, redoublant son rire, elle psalmodia à grande voix la sentence du Koran :

« Une heure de justice vaut soixante-dix jours de prières. »

La Société secrète.

La journée du lendemain allait s'achever, lorsque des Algériens, arrêtés depuis plusieurs heures devant la maison de Sidi Taleb, en voyant la porte de l'intérieur grande ouverte, fixèrent l'attention d'un agent de police français, qui recueillit d'eux cette conjecture, qu'un événement extraordinaire devait être arrivé chez Taleb. Au bout de peu d'instans, des agens de police maures et français franchirent le seuil respecté, et leur recherche ne fut pas long-temps infructueuse. L'Algérien fut débarrassé de ses liens; il était presque mort : les incroyables et inutiles efforts qu'il avait faits pour se rendre libre, en épuisant tous ses ressorts, avaient fait monter tout son sang à son cerveau, et à peu près privé d'air, il n'aurait pu passer dans cet état quelques heures de plus. Lorsque la faculté de respirer lui eut été rendue, il perdit aussitôt connaissance; revenu à lui, il resta long-temps sans pouvoir rassembler ses idées ; il était morne, sans regards et sans voix; ses sensations paraissaient éteintes; il passa la nuit ainsi, sous la garde de deux de nos gendarmes; mais vers le matin il se ranima, se rappela,..... son réveil fut complet. Il poussa un cri qui dut être entendu du dehors, appela par leur nom ses trois femmes et Cabalo, se tordit les bras, parcourut, toujours gardé à vue, tous les recoins de sa maison, revint dans le salon où s'était passé la scène, vit le sang de Fatma dont la dalle était teinte, et se prit à pleurer amèrement.

Dans la matinée, le cadi et le commissaire général de police vinrent le voir; par suite de ces visites, ses gardiens lui furent retirés.

Le duc de Rovigo était à se promener sur la terrasse avec son interprète et trois chefs de tribus dont il recevait les soumissions, lorsqu'un aide-de-camp vint l'avertir qu'un assez grand nombre des principaux Maures de la ville demandait avec instance à lui parler. Il descendit pour les recevoir : c'était Sidi Taleb entouré de ses amis. Le Maure se jeta aux pieds du général en chef, et, avec sanglots, à grands cris, implora justice et vengeance; lui redemanda ses femmes. L'inopportunité de cet esclandre, en présence des chefs arabes, causa un violent mécontentement au général : un Français étant compromis dans cette aventure, comme cela paraissait probable, il se verrait dans la nécessité de donner un exemple de sévérité dans le châtiment, afin de rassurer les Algériens sur la conservation de leur bien le plus cher, celui de leur honneur dans l'honneur de leurs femmes; et de leur droit le moins incontestable, celui de l'inviolabilité de leur habitation. Il consola Sidi Taleb, lui promit justice et vengeance, et insista dans l'assurance qu'il renouvela aux Maures dont il était environné : « Que le gouvernement français avait la ferme intention de respecter et faire respecter le culte et les usages d'un pays qui, devenu français par la conquête, n'en avait que plus de droits à sa protection. »

Pendant cette même journée, Robert Cowel s'était rendu à sa maison de campagne, et il avait eu lieu d'applaudir au zèle intelligent de Simon Barsia qui, après avoir installé les Mauresques de manière à leur faciliter l'asile d'une cachette certaine, les avait comblées de ces soins auxquels un bon serviteur sait donner tout le prix du confortable. Il ne s'était absenté que la nuit pour aller chercher des vivres à la cantine qui est voisine du quartier des chasseurs d'Afrique; il s'absenta la seconde nuit tout entière; mais afin de ne pas éveiller, dit-il, les soupçons du Français qui le logeait.

Cette nuit-là, Robert, en mettant le pied sur le seuil de sa maison de campagne, éprouva un étrange saisissement; il lui fut impossible de se trouver à l'aise dans les idées, d'ailleurs si bonnes à utiliser : *hospitalité* et *propriété*; il conçut une crainte de scrupule en prenant légitime possession de son petit domaine, habité par trois Mauresques et leur esclave; et lorsqu'il entra dans la chambre où se tenaient ces femmes, les passions fantasques et bruyantes de l'homme avaient disparu : c'était presque un timide enfant dont le regard n'exprimait ni désirs ni volonté. Fatma, même, les émotions de son nouvel amour sur le visage, et aussi visibles que l'aurait été le rouge vif de sa plaie que recouvrait un bandeau, Fatma ne parvint pas à faire concevoir à Cowel le sentiment intime de son pouvoir, ni l'audace d'en jouir.

A l'heure où il jugea que la lampe pouvait s'éteindre, il se retira, et monta sur la terrasse de sa maison, moins pour échapper à une tentation que pour réfléchir aux suites incertaines de cette aventure.

La nuit et le paysage avaient, en ce moment, des aspects peu communs sous le ciel de cette contrée : le vent soufflant de sud-ouest chassait de grands nuages aux teintes grises, blanches et noires, prononcées accidentellement par la lune qui brisait souvent leurs contours, ou se faisait jour à travers leurs déchirures. L'atmosphère était froide; les platanes, les figuiers, les oliviers, les cèdres, dispersés çà et là dans l'étendue du paysage, courbaient leur tête, et leur feuillage confondait son bruissement avec le bruissement de la mer qui venait, houleuse, jeter l'écume de ses flots bien avant dans les terres de la grève; c'était une nuit d'automne en France et dans un cimetière : car les petites maisons qui s'apercevaient à des distances peu éloignées, figuraient assez bien les monumens funéraires dont l'orgueil, plus que la piété, fait hommage à la mort. Le chacal criait, imitant avec sa voix des souffrances différentes : celles du petit enfant abandonné, celles de la femme que frapperait un fer aigu; — mais imitant toujours des souffrances, et jetant dans les solitudes silencieuses, obscurcies par la nuit, un souvenir de ces chagrins qui glacent l'âme et l'épouvantent. A quelques pas de la maison de Cowel, le jeune homme ne put s'y tromper, sur un tertre qu'éclairait la lune, chaque fois qu'un de ses rayons trouvait jour dans le nuage, trois ombres se dessinaient; et, dans leurs attitudes changeantes, révélaient trois personnes stationnant à cette place.....

A la même heure, dans la ville, et dans une sale maison, ornement, unique habitation d'un infect cul-de-sac dont l'entrée se trouve rue Philippe, une réunion, un conciliabule se tenait à la lueur d'une lampe en fer blanc, espèce de veilleuse qui, placée sur une table chargée de pipes, de verres, de bouteilles et de tabac, éclairait à peine trois figures, parmi les *trente* qui se trouvaient là. Les élémens qui composaient cette assemblée étaient bien divers : physionomies, costumes, accens dans le langage, rien ne se ressemblait : — mais une similitude incroyable dans l'intention, une frappante analogie dans les ressorts moraux, donnaient à ces trente intelligences, parties de

points si éloignés les uns des autres, le caractère et la puissance d'une grande unité :
— avantage bien précieux pour toute association, et dont l'absence a causé la ruine de bien des complots, a compromis bien des têtes.

L'esprit de contradiction, inné chez certains hommes placés sous l'influence de certaine constitution nerveuse, a dû, dès l'origine des sociétés, susciter les haines privées, puis faire nombre avec elles, s'inspirer de leurs passions, leur communiquer son instinct et alimenter les résistances sérieuses qui, dans tous les temps, ont d'abord donné de l'énergie, de l'élasticité aux idées dominantes obligées de se défendre, et les ont à la fin minées, usées et anéanties : car il faut que les systèmes changent, pour que la faculté générale des idées se perpétue. De la destruction naît la reproduction aussi bien pour l'existence de l'entendement que pour les corps animés.

Les résistances ont différencié dans leur formulaire, dans leur but : elles se sont toutes ressemblées par leurs moyens organiques ; leur dénomination, dans tous les pays, a eu le même sens moral et littéraire, la même acception : *sociétés secrètes*. Chacune d'elles fut constituée pour le renouvellement d'une époque et la ruine d'un fait : à côté, ou même au-dessous du principe qui s'élève, s'élève le principe contraire qui le détruira : sous les pieds de l'homme, le ver qui le rongera. Chaque passion, chaque usage, chaque système aura son jour ; la terre tourne, l'hémisphère intellectuel avec elle, et, sur une surface donnée, se représentera tour à tour tout ce qu'il a été accordé à l'homme de penser, de vouloir et de produire.

Une remarque à faire sur le principe vital des sociétés secrètes, c'est que le plus ou le moins d'importance dans le but auquel elles se proposaient d'atteindre a déterminé leur force et leur durée ; plus puissante fut leur action, plus courte fut leur existence ; la somme des forces collectives ou individuelles a été limitée pour le maintien des lois suprêmes de l'équilibre. Mais quant à la puissance constitutive de ces sociétés, elle s'est constamment développée en raison de la gravité du but et de l'imminence des périls. Les projets les plus inexécutables ont toujours rencontré les esprits les plus déterminés à leur exécution : la détresse, la misère, les persécutions, les supplices et la mort, échelonnés pour protéger un système, un gouvernement, un culte, ont le mieux inspiré les hommes secrètement associés pour les détruire ; l'union, si difficile à réaliser dans des cas semblables, n'a jamais manqué ; la solidarité, presque toujours facultative et mensongère, s'y est trouvée complète et radicale ; l'intelligence, si souvent en défaut dans les actes de la vie, rarement a failli dans ceux-ci ; la continuité, si accidentelle, ne s'y est jamais interrompue ; et les élémens hétérogènes dont la combinaison a rarement facilité une réussite, se sont toujours prêtés dans les sociétés secrètes à une fusion inexplicable dans son opération, mais incontestable par ses résultats.

Sans accorder à toutes les associations le même degré d'estime et d'importance , et sans vouloir flétrir les plus louables, les plus vertueusement courageuses d'entre elles par une injuste comparaison avec celles qui seraient composées de germes pourris, il faut dire que, dès les premiers jours de la conquête en Afrique, une société secrète s'est organisée, se proposant la destrution des Français dans la régence. Que la pensée primitive de ce complot ait pris naissance à *Maroc*, ou ailleurs? *je l'ignore*..... Quoi qu'il en soit, les instrumens occultes qu'il met en œuvre : Arabes de la montagne, Algériens, Maltais, Espagnols, Juifs... rebut de toutes les probités, de toutes les civilisations, emploient à leur fin désastreuse tous les moyens de désordre et de dissolution dont l'esprit infernal éclaire les plus pauvres des intelligences. Une bande de voleurs crochetait effrontément les boutiques, et faisait dire aux Maures « qu'on n'avait jamais autant volé que depuis l'arrivée des Français; » par instigation, assistance ou autrement, des méfaits étaient commis isolément, et altéraient la confiance que méritait d'inspirer le caractère du gouvernement nouveau. C'était un mal subalterne, un mal entaché de l'origine de ses auteurs; mais c'était du mal!

Un *Maltais* présidait la séance nocturne, tenue dans la hideuse maison du cul-de-sac Philippe. Dans la confidence du comité secret et l'abandon de l'orgie, il fut révélé des actes que garottent les menottes de la loi, ou que punit le glaive du bourreau.

« Pour moi, dit le chef en langue arabe, j'ai mené mon patron à la mer; il y jugera les poissons. Encore deux soleils, et je vous prouve à tous avec quelle facilité nous pouvons détruire partiellement les usurpateurs de ce pays!.... Un Robert Cowel débarque, — il sera membre d'un tribunal dont on publie d'avance la sévérité... Je m'attache au Robert Cowel : il est jeune, il a de l'esprit, il est doué de toutes les facultés qui protègent et conservent; en peu de jours, il est saisi d'éblouissemens, il perd l'équilibre, il a des vertiges,.... il veut pratiquer ici l'amour français... Par mes soins, *Juive* et *Mauresque* à notre juge, mes frères!... La Juive? Johana, fille d'Abraham le changeur, la perle de la régence,—à cette heure toute malade d'amour, mais que nous importe, pourvu que ses pleurs soient vus, que ses cris soient entendus... La Mauresque? Fatma la repentie, concubine de Sidi Taleb, notre frère, notre émissaire intelligent dans la montagne..... et, à propos de cela, il faut que Cabalo meure!.... la vieille négresse ne croit plus aux cartes, elle veut rompre avec notre société, parce qu'elle a peur pour sa *Fatma* qu'elle a vue naître; elle m'a menacé de mort....

— Elle mourra! » disent d'une seule voix les vingt-neuf écoutans.

« — Je vous assure, mes frères, — reprit Simon Barsia, interprète et Maltais, — que mon Cowel, arrivé honnête homme, sera demain déshonoré parmi les siens; je vous assure que mon Cowel, jeune, vigoureux, plein de jours, a déjà un pied dans la mer et l'autre dans la tombe..... Un de moins!.... et Honoreus Martini, condamné à deux ans de prison, sera vengé.

— Vivat! » — cria l'assemblée.

« — Vivat! encore pour moi, — reprit l'insatiable Maltais, — car j'ai aidé à la stipulation du Français et du mésouar; car ce misérable Français, conseillé par moi, a augmenté ses bénéfices par un impôt d'un nouveau genre, qui a eu pour résultat d'infec-

ter l'armée et la population européenne....
La santé flétrie, le cœur se gâte.... me disait dans ses jours de repentir la vieille *Judith*, de Bagdad.... Allah! pour vous, Mahométans; les pardons du Christ pour vous, Juifs; un chapelet en or à vous, Espagnols; des cartes neuves et des sacs d'argent pour vous, Maltais; de la gloire pour moi! les Français ne prendront pas pied dans la régence! »

Les mots *allah, amen* et *vivat* retentirent dans la chambre.

« — Ah! ils croiront, — ajouta aussitôt Barsia, car l'éloquence a souvent le défaut du barvardage, — ils croiront que seulement dans leur commission d'administration, leur intendance, se trouve la finesse qui observe, et l'adresse qui exécute!... La dernière bouteille de rhum à *vos Dieux*, mes frères, buvons!... Une tête de Français par minaret, et le reste à la mer!... Dieu est grand!... Le massacre projeté sera difficile à exécuter; l'entêtement religieux a respecté la sainteté du Ramadhan.... il fallait jeûner dix jours de plus, et frapper au coup de canon de six heures.... »

Ce qu'il y avait de mahométans dans l'assemblée fit entendre un long murmure.

— « Mais j'ai tort, dit l'adroit Barsia, c'est bon pour les catholiques de mettre du sang sur les psautiers et les chapelets, et de racheter cela par des messes!... »

Un énergique juron espagnol retentit, et plusieurs poings fermés frappèrent rudement la table, qui trembla sur ses pieds fragiles.

— « Pour moi, reprit Simon qui comprit parfaitement l'intention de cette interruption, je pense que les Français n'auront rien perdu pour attendre... Dieu est grand!... Buvons encore !... »

Les verres se choquèrent; puis il se fit, à un signe donné par Barsia, un mouvement général; la lampe s'éteignit, la porte fut ouverte; — un à un, sans bruit, les membres visibles de la *société algérienne* se retirèrent, et se séparèrent aussitôt dans la rue.

Les Cheveux rouges.

Le peuple dont Bossuet, dans son Discours sur l'histoire universelle, a fait *l'axe* animé des populations primitives, celui dont il a eu le tort de faire dériver tous les événemens du globe alors connu, a certes commis un bien grand crime, si ce n'est pas par l'effet d'un jeu cruel du sort, mais bien par la volonté de la Providence qu'il subit le châtiment de sa propre bassesse, et de la tyrannie des nations au milieu desquelles l'a jeté sa destinée.

Jamais haine instinctive ne fut plus prononcée que celle qu'il inspira, jamais persécution ne fut plus continue, ni aussi avilissante ; de tous les usages, de toutes les lois que l'ignorance a fait peser sur des principes, et dont la civilisation a soulevé le fardeau pour le rejeter en arrière, aucun usage, aucune loi n'ont été plus difficiles à ébranler, à soulever que ceux dont le peuple juif fut écrasé : cela vient certainement de ce que cette oppression était motivée par le dégoût plutôt que par la colère; cela vient de ce que la race qui en fut l'objet ne chercha jamais dans l'horreur du martyre une occasion d'énergie, n'osa jamais jeter ses têtes, ses cadavres à la face des bourreaux pour les souiller de ses souillures et de son sang. Toute résistance fait naître l'idée du courage, et les hommes ont bien de la peine à refuser leur estime au courage, même le plus brutal et le plus tyrannique; à plus forte raison au courage malheureux.

Les guerres de religion furent poursuivies avec férocité : on se tuait de part et d'autre, mais le mort n'était pas ignoblement insulté; lorsque cela arrivait, c'était dans des cas exceptionnels, encore, le rieur gardait-il ses dents serrées. Quant au Juif, bon Dieu! on lui appliquait tous les genres de supplices ; on jetait sur son agonie des insultes honteuses; comme tant d'autres mutilés, on le traînait sur la claie, le malheureux, mais un cochon à ses côtés! on le pendait; mais quand son regard d'adieu à cette triste terre errait pour demander une pensée d'espérance, il rencontrait les regards agonisans de deux chiens, pendus aussi, et à ses côtés, afin de représenter la parodie dégoûtante de la *légende* du bon et du mauvais larrons.

La persécution et le dernier supplice ont à leur insu rempli mille fois l'office de la plus active propagande, et ont servi à améliorer les dissidens et les systèmes qu'ils prétendaient anéantir ; mais les édits et les tourmenteurs qui n'ont pu lasser la tenace persévérance des Juifs, n'ont jamais épuré leur constitution morale : *servilité* et *cupidité* sont restées la devise de cette race à la fois indestructible et *inréunissable*, et le cri de misère dont elle l'a formulée est devenu pour elle un jeu, après avoir été une nécessité. La plus puissante tête gouvernementale que les siècles aient jamais produite voulut, dans notre époque contemporaine, faire monter les Juifs à hauteur de loyauté, d'indépendance et de vertu nationale, en les rangeant sous le bénéfice de tous les priviléges consentis par les lois.

Napoléon fit bien de le vouloir, c'était justice ; il réparait en cela les turpitudes réglementaires des premiers rois de notre monarchie française. Le bulletin des décrets et ordonnances contre les Juifs formerait un volumineux cahier : à ne pas remonter plus haut que 875, année où *Charles-le-Chauve* fut empoisonné par le Juif *Sédécias*, son médecin ; — on voit, sous les règnes suivans, les Juifs passer au crible de toutes les vexations, de toutes les persécutions.

Hugues Capet les convertit en *revenus royaux*, pour faire nombre avec les produits de la *gruerie*, du *cens*, des *procurations*, du *giste* et des *communes*....

Philippe II (Auguste) les chasse, confisque leurs biens et déclare leurs débiteurs quittes envers eux : acte dont l'inique brutalité fut censurée par le pape *saint Grégoire*, qui, lui défenseur naturel de la religion du Christ, sollicitait la conversion des Juifs par des voies plus équitables et plus humaines, jusque là qu'il remboursa le prix de la synagogue de

Palerme, qui avait été enlevée à ses sectateurs.

Saint Louis, par accès de susceptibilité religieuse, décréta pour et contre eux, et, sans doute pour ne pas perdre l'occasion d'une conversion, les força, après les avoir rendus justiciables des maires de leur commune, *d'ouïr un prêcheur chrétien.*

Philippe-le-Bel eut du moins, en décrêtant contre eux, une pensée d'intérêt public. L'altération flagrante des monnaies jetait un grand trouble dans les fortunes: Philippe eut quelque raison de soupçonner les Juifs d'en être les auteurs; il gêna, ou plutôt interrompit leur négoce en frappant des peines les plus graves contre le crime d'usure,— crime que notre législation existante ne châtie point encore à l'égal du désastre qu'il cause !

Louis-le-Hutin permit aux Juifs chassés par son prédécesseur, de revenir en France pendant *douze* ans; et, ce qui peut donner une juste idée du rang qu'ils occupaient alors dans la société, — Louis les autorisa à *acheter des rotures*, — faveur ingénieuse qui, en leur donnant la qualité d'homme, évoquait leurs richesses privées; mais la fécondité d'esprit qui multipliait les ressources pécuniaires de nos rois et de leurs seigneurs, trouva encore en cette circonstance un moyen d'assurer la ruine des nouveaux roturiers. A peine étaient-ils devenus libres par l'acquisition de ce droit de roture, qu'on s'emparait de leurs biens sous le prétexte que, par l'achat de leur liberté, ils avaient dépouillé leur seigneur de la propriété d'un esclave. Il en résultait que, devenus catholiques et roturiers pour obtenir des priviléges, et se voyant, à cause de cela, spoliés de leur avoir, ils retournaient irrités et plus misérables à la religion qu'ils avaient apostasiée : l'esprit de prosélétisme en religion gagnait donc fort peu aux absurdités cruelles de la politique.

Jean, pour pressurer les Juifs, leur accorda (1360) *vingt* ans de séjour en France. Charles V leur imposa une marque distinctive sur leur vêtement : sorte d'enseigne qui voulait dire à tout passant : *bon à insulter, à voler et à pendre,* — *la loi fait grâce.*

Charles VI, par arrêt définitif, confisqua les biens des Juifs et les chassa...

Enfin, nos rois jouèrent avec la fortune et la vie des enfans de la synagogue, et l'on conçoit que ce royal amusement trouvait des imitateurs dans les classes disposées à copier l'arrogance du maître, à plus forte raison à bénéficier de ses fautes!

(1) (Juillet 1806!) Napoléon, par un décret

---

(1) *Talma* avait désiré que je fisse sa notice dans la grande *Biographie des Contemporains;* il m'écrivit de Bruxelles, pour m'analyser longuement son système dramatique, les circonstances qui le firent naître et lui permirent de l'appliquer à son art; dans

impérial leva tous les interdits sur la nation Juive; mais, s'il est parvenu à donner par là plus d'équilibre et d'assurance à ses sommités spéculatives, il n'a pu épurer son essence, ni corriger l'astuce ori-

la même lettre, il me racontait cette anecdote, tant de fois imprimée depuis :

« J'avais joué dans la tragédie d'*Esther*; le lendemain, assistant au déjeuner de l'empereur, il me parla de la pièce jouée devant lui la veille, m'établit la comparaison des rôles de Mardochée et d'Assuérus, puis, se tournant brusquement vers le ministre de l'intérieur, qui était présent : — Savez-vous, M. *de Champagny*, que cet Assuérus était un pauvre roi ! je n'aurais pas voulu de son premier ministre pour mon laquais.... Il y a du bon, dans ce Mardochée !.. Qu'est-ce que c'est que ces Juifs ? Monsieur le ministre de l'intérieur, faites-moi promptement un rapport sur eux. »

C'est quinze jours après, le 26 juillet, que fut convoquée la première assemblée des notables d'entre les Juifs, dans le but de fixer le sort de cette nation.

(*Note de l'Auteur.*)

ginelle qui alimente le foyer de sa gangrène morale.

L'invasion d'un vainqueur éclairé, tournera toujours à un bénéfice quelconque sur la terre du vaincu ignorant. Certainement, lorsque les plusieurs milliers de Juifs qui résident à Alger virent une armée française s'emparer de la capitale de la régence, ils durent s'en applaudir. Jamais condition n'a été plus déplorable et plus abjecte que n'était la leur sous le gouvernement des Turcs; anticipant sur l'humilité de la tombe, ils ne pouvaient habiter au niveau du sol, plusieurs marches aidaient à descendre dans leur demeure; leur aspect était un maléfice, leur contact une injure, on fuyait le maléfice, on châtiait l'injure; leur costume avait sa couleur obligée, le noir, et comme la couleur rousse de la peau ou des cheveux, dans la pensée des Turcs, est un dommage pour la beauté, les Juives devaient se teindre les cheveux, à ce point que, fussent-ils du plus beau noir, ils devaient ne laisser voir que la couleur proscrite......

Deux jeunes filles, seules dans l'unique chambre d'Abraham le changeur, se livraient avec empressement à un soin étrange; l'une d'elles trempait son épaisse et ondoyante chevelure, d'un roux foncé, dans un vase plein d'une eau aromatisée; sa compagne lui passait dans les cheveux un peigne en buis, et, avec un linge, chaque fois que les cheveux sortaient de l'eau, elle les pressait, cherchant à en extraire un corps étranger. Cette opération continuée quelque temps, un cri de joie échappa aux deux jeunes filles.... la chevelure tout à l'heure rousse, était redevenue noire.

« Presse-les encore, Judith, fais disparaître la plus petite tache de la couleur proscrite, qui rappellerait à ce Français que Johane est une Juive!...» Et la belle enfant, secouant autour d'elle les gerbes fines et touffues de sa belle chevelure, tout en souriant à sa noire transparence, poursuivait de son regard les cheveux isolés qui avaient pu échapper à l'action purifiante de l'eau : elle mettait à ce travail la sollicitude de la coquette arrivée entre vieillesse et maturité, et épilant sa tête, afin d'en effacer les avertissemens du vieil âge, — soin puérile qui ne trompe jamais le temps et n'abuse que bien peu l'œil du monde; car la même main invisible, dont le contact glacé blanchit la chevelure, sillonne aussi de son ongle les chairs du visage, et aux rides creusées par le chagrin, ajoute celles qui donnent le chiffre des ans.

« — Aussi noirs que ceux de la repentie! » s'écrie Johane agitant la gerbe qui enveloppait sa taille.

« — Aussi noirs et plus purs, ma sœur, » répliqua Judith.

« — Plus purs? non;... j'aime un Français! » elle baissa ses yeux et rougit.

« — Ah! Fatma! Fatma la repentie! la femme du Turc, la femme du Maure! la femme du mésouar ! Fatma, vous voulez faire mourir ma sœur de chagrin... ma sœur est plus belle que vous !

« — Maintenant, interrompit Johane, allons le voir... Mon père me tuera, mais du moins j'aurai dit à ce Français que je me résigne à mourir à cause de lui... S'il veut que je sois musulmane, j'irai chez le derviche ; s'il veut que je sois chrétienne, j'irai voir le *marabou* des chrétiens...

« — Pauvre Johane !

« — Crois-tu, Judith, que mon père me tuera ? » Et la jeune fille, effrayée, semblait lire dans le regard de sa sœur que la colère du vieil Abraham serait implacable.

« — Eliézer nous attend à la porte Babazoun, dépêchons-nous, » dit Judith.

« La toilette s'acheva : Esther, prête à paraître devant Assuérus, prête à lutter de grâces et d'attraits avec les filles venues de l'Inde, de l'Hellespont et de l'Egypte, et stimulée, enhardie par les conseils de

Mardochée, n'invoqua pas d'une manière plus fervente le secours de ses charmes que ne le fit la Juive d'Alger, prête à braver la rivalité d'une Mauresque; et, du reste, elle avait renoncé aux signes les plus distinctifs du costume de sa nation : sur sa tête, un simple mouchoir de soie, — en Fanchon, — à la place de ce lourd bonnet de forme pyramidale, semblable aux coiffures de nos Cauchoises, soutenu par une feuille d'argent découpée en dentelle ; autour d'elle, le aïk blanc des musulmanes.... Elle gagna Babazoun, suivie de Judith; arrivée à cette porte de la ville, elle prit la main de son frère Eliézer, arrêté devant le quartier de cavalerie des Arabes...

Le pierrier, accordé aux Musulmans pour annoncer le soir, à six heures, la fin du jeûne pendant les jours du ramadhan, venait de retentir, lorsque, dans une chambre où dînait Robert Cowel et les Mauresques, parurent, introduits par Simon Barsia, jouant la surprise, les trois enfans d'Abraham le changeur.

Johane, qui n'avait plus de timidité, parce qu'elle ressentait de la colère, déroula son aïk, le laisa tomber à ses pieds, et, belle d'une beauté qui lui était nouvelle, belle de fierté, de douleur et de désir de vengeance, promena, sur les convives stupéfaits, un regard qui, quoique plein de larmes, étincelait d'ironie.

« C'est moi, Français !... moi, Johane ; moi, aimée de vous.

« — Voilà de vos tours ! Simon Barsia, » cria Robert Cowel avec colère et en se levant.

« — Je suis innocent de ceci, monsieur, répondit Barsia cherchant à conserver son assurance; la Juive s'est arrêtée devant la maison, a frappé, a appelé, au moment où un Maure, qui n'a pas l'habitude de se montrer par ici, rôdait au bord du chemin, au moment où un gendarme passait.

« — Et qui a servi de guide à la Juive?

« — Son amour, apparemment.

« — Barsia, l'exaltation d'un sentiment partant du cœur ne peut être comprise par vous, et vous en rendre l'interprète devant moi, c'est me faire une impertinence ; taisez-vous ! »

Le Maltais, pour donner une attitude à son regard indécis, regarda Cabalo : l'étrange coup d'œil que lui lança la négresse le fit frissonner.

« Pour dernier service auprès de ma personne, Barsia, reconduisez cette Juive. »

« — Monsieur me chasse?

« — Je peux subir les conséquences d'une trahison, parce que l'homme de cœur est plus imprévoyant qu'un coquin.... mais le traître connu, j'en fais justice ; sortez!

« — Monsieur est bien sévère pour les pauvres Maltais : Honoreus Martini condamné à deux ans de prison, quoique innocent.... Simon Barsia l'interprète, chassé, quoique innocent...

«— Voyons, damné envoyé près de moi par le diable !— s'écria Cowel, saisissant Barsia par le bras, — me crois-tu la *finasserie* d'un Maure ? la stupidité d'un Persan, et le peu de cœur d'un Maltais, pour entrer de bonne foi dans une vie hérissée de mensonges et de guet-apens !.... Qu'est-ce que tout ce qui m'arrive ?... si mon inconséquence y a fait quelque chose, pourquoi mon inconséquence a-t-elle été secondée par un concours de circonstances tellement fortuites qu'elles tiennent du prodige... Je me suis jeté pendant la nuit, trop curieux, peut-être, dans une pente rapide, toi, misérable ! pour m'encourager, tu as rejeté loin de mes pieds les cailloux, tu as cassé les branches qui m'auraient fait obstacle, tu m'as aidé à descendre !... Voyons, où vais-je, où veux-tu me mener ?.... Par tes soins, je n'en doute pas, *Juive* et *Mauresque* sont en ma présence... toutes deux hébêtées de leur étrange situation, toutes deux prêtes à s'entre-déchirer... et moi, mille fois plus niais que n'est farouche cette fureur de femmes à demi-sauvages ! moi, que puis-je faire et dire ? leur langue m'est inconnue... Félicite-toi, Barsia, de ce que, chez un homme éclairé et généreux, la colère ne peut aller jusqu'à l'emportement du crime : car, si mon instinct ne me trompe pas, il y a de quoi t'abattre à mes pieds.... »

Les femmes étaient dominées par le caractère de l'explication entre le Français et son interprète ; elles regardaient, et se taisaient.

«—Voyons, Barsia, une fois encore obéissez-moi, emmenez cette enfant. »

Simon dit quelques paroles à Johana ; elle laissa échapper une exclamation.

«—Je ne veux pas ! cria-t-elle ; je ne veux pas ! libre, Johana, Johana ! non *repentie*, non femme au *mésouar !* »

Un inconcevable orgueil animait sa physionomie.

Cabalo s'approcha d'elle, lui saisit la main assez violemment pour lui arracher un cri.

« — Johana, Juive ! » lui dit-elle : l'expression qu'elle mit à prononcer ce mot résumait toutes les injures.

« — Non *andar,* Johana ! non *andar....* reprit avec plus d'énergie encore la fille d'Abraham ; Français, non partir Johana ? Johana, musulmane ; Johana, chrétienne, si tu veux..... plus Juive, Johana ! »

Elle arracha son fichu de soie, secoua sa tête, et inonda son sein et ses épaules de sa belle chevelure : — vraiment admirable dans ce désordre de l'orgueil, de l'amour et de la colère..... poétique comme la *Sulamite* du Cantique des cantiques..... ravissante perfection de la nature, comme on le disait de cette *Marie* donnée pour compagne à

Mahomet, par le prince des Cophtes, gouverneur de l'Égypte.

Des coups violens retentirent à la porte extérieure de la maison, et au tintement aigu qui suivait chaque coup, on pouvait croire qu'elle était frappée par des crosses de fusil. Le Maltais se mordit les lèvres, un cercle de sang enveloppa sa prunelle; il était dans un moment de crise; Robert Cowel pâlit et écouta : le bruit extérieur recommença.

« — Barsia, dites à toutes ces femmes de se voiler, » dit le Français d'une voix grave; il s'avança près de la Juive, lui prit la main, l'embrassa, et dit, avec une voix pleine de mélancolie et de tendresse :

« — Pauvre enfant ! ton amour est sublime de pureté et de dévouement..... Dieu ne permette pas qu'il porte malheur à ta vie !... Simon Barsia, veillez ici; moi-même je vais ouvrir. »

A peine fut-il sorti, Cabalo s'approcha de

l'interprète, et lui adressa en langue espagnole et en brisant ses mots, tant elle était émue, plusieurs phrases qui devaient avoir un sens bien expressif, car le Maltais, connaissant parfaitement la puissante nature contre laquelle il pourrait avoir à lutter, manifesta par des gestes d'excuse ou d'ignorance qu'il refusait d'avance le combat.

La maison de campagne de Robert était cernée par la gendarmerie; un adjudant de la place d'Alger et le commissaire général de police se présentèrent au jeune juge lorsqu'il ouvrit.

« — Au nom de la loi, monsieur Cowel, et par ordre du général en chef, je vous arrête, » dit le commissaire de police.

« — Vous êtes sûrs de votre fait, messieurs?

« — Tellement sûrs, que vous ne pourrez le nier avec succès.

« — J'en aurais l'espoir, je ne le ferais pas encore, répliqua Cowel avec dignité; la dénégation qui ment, est la défense des malfaiteurs et des lâches..... Vous allez trouver dans une pièce de cette maison un interprète que vous connaissez parfaitement, je le soupçonne, deux Juives et leur jeune frère, trois Mauresques et leur servante, une vieille négresse.

« — Vous aviez nombreuse compagnie, monsieur Cowel?

« — Plus nombreuse que je ne l'eusse voulu, monsieur le commissaire; dans tous les cas, je demande protection et liberté de se retirer pour les Juives et leur frère : aucun usage n'arme la loi contre elles.

« — Nous n'avons ordre que d'arrêter, avec vous, les trois femmes de Sidi Taleb... Grave imprudence! monsieur Cowel,

« — Judicieusement observé, monsieur le commissaire. »

L'adjudant de place fit signe à des gendarmes de suivre; et bientôt, conduite par Robert, la force publique pénétra dans cette chambre offerte par l'hospitalité, envahie par la jalousie et dénoncée par la trahison.

« — Il y a une identité à constater, » dit le commissaire de police en déployant un papier qui, sans doute, contenait des signalemens.

« — Simon Barsia, reprit Robert, pour ne pas vous faire trouver en contradiction avec vos rapports secrets, je ne m'abaisserai pas à vous ordonner de dire à ces messieurs comment tout ceci est arrivé..... Toutefois, utilisez vos fonctions d'interprète en aidant la police à constater l'identité de ces pauvres femmes. »

Sur l'ordre de l'agent supérieur de police, le Maltais invita les Mauresques à se dévoiler :

« — Voici la repentie, dit le commissaire en montrant Fatma du doigt; — comme dans les salons de Curtius, devant *les rois de l'Europe et leurs principaux ministres*, tous en grand costume et dînant, les érudits montrent à ceux qui ne sont que curieux les personnages dont la gloire est le plus populaire : — « Ce monsieur à longue queue, à l'air ennuyé, à la maigreur de momie, c'est sa majesté l'empereur d'Autriche, roi de Bohême et de Hongrie, qui avait donné sa fille en mariage à l'empereur Napoléon, — et, depuis, a si ingénieusement, si honorablement reproduit l'habituelle bonne-foi des princes! — cet autre personnage, assis à côté de ce vieillard, qui est le roi de Prusse, c'est un *borgne*, M. *de Metternich*, un grand ministre de l'homme à la longue queue; il a toute la capacité et l'occupation d'un *sabot* de diligence, *il enraye*..... »

« — Ah! c'est là la repentie? dit l'adjudant de place avec satisfaction ; — elle est bien jolie!

« — Interprète, reprit le commissaire, dites à ces Juives et à cet enfant de se retirer; brigadier, vous laisserez deux hommes de garde dans la maison; emmenez ces Mauresques... monsieur Cowel, vous allez marcher avec nous.

« — Où votre pouvoir discrétionnaire prétend-il me conduire ? demanda Robert.

« — En prison, monsieur. » (1)

(1) Ici, le romancier ne veut pas avoir à se reprocher de retracer avec le formulaire de la *fiction* un malheur qui a été réel : il sacrifie l'intérêt du drame aux convenances que commandent toujours les êtres souffrans, opprimés, ou même justement frappés par les rigueurs de la loi et du pouvoir.

Il y avait quatre jours que j'étais débarqué à Alger, lorsqu'eût lieu l'arrestation du juge français dans la maison de campagne duquel furent arrêtées *trois Mauresques*, en fuite de leur domicile depuis *trois* jours. Je jugeai, comme M. Pichon, le caractère de cette arrestation purement militaire, fort illégal, en présence d'un *pouvoir civil*, ayant à connaître de tout délit commis par des agens civils. Les observations écrites, adressées par l'intendant au chef militaire, furent pleines de sens, les réponses du gouverneur avaient, je me le rappelle bien, la force de logique d'un sabre ; toutefois, le duc de Rovigo rentra dans les formes légales, lorsqu'il ne s'agit plus que de faire embarquer le coupable.

C'est dans cette circonstance que se manifesta, pour la première fois, une dissidence entre les deux pouvoirs gouvernans. Je ne fus pas, ainsi que m'y engageait M. le duc d'Orléans avant mon départ, *comme la balle de coton entre ces deux hommes ;* mais j'aurais pu, au besoin, être juge du camp, voyant de bien près cette triste lutte de mots, de petits billets, de petits démentis, de tracasseries et d'intrigailleries qui discréditaient l'autorité française aux yeux de l'indigène, et encourageaient l'astuce des Maures.

Voyez les Lettres à un conseiller-d'état.

(*Note de l'Auteur.*)

Bien des Morts!

Huit jours après cette scène, une petite embarcation portant dix matelots d'un équipage de haut-bord, deux gendarmes et un jeune homme qui se tenait debout, à la poupe, enveloppé dans un grand manteau noir, — sortait de la darse d'Alger, et courait dans la baie, le cap sur la frégate *la Victoire* prête à appareiller, tout émue par la brise nord-d'ouest soufflant dans ses voiles de perroquet, déjà dépliées, et s'agitant sur son ancre aux premiers tours du cabestan...

Bien des regards suivaient la marche du canot.

Sur la terrasse de la maison de Sidi Taleb, Sidi Taleb, lui-même, tourmentant de sa main le manche d'un poignard turc; sur la terrasse du Juif Abraham le changeur, Johane, soutenue par sa sœur, pâle, les yeux noyés dans les larmes, les veines, les muscles du cou tout gonflés et la tête disgracieusement penchée en avant;... elle avait une large plaie sur la nuque, occasionée par un violent coup de bâton que lui avait asséné son père, lorsqu'elle était revenue désespérée de la maison de Robert Cowel. Le vieillard pouvait la tuer, il le voulait peut-être, car, quand elle tomba sous le coup, il récita le verset 13 (chapitre 18) du livre de

Job : « *La mort la plus terrible dévorera l'éclat de son teint, et elle consumera toute la force de ses bras.* »

Sur la terrasse de la maison située dans le cul-de-sac Philippe, Simon Barsia l'interprète; il était soucieux.

« Ce n'est pas pour cela que j'ai pris tant de peines, — murmurait-il; — le renvoyer sain et sauf, l'insolent Français!... Et ce stupide Sidi Taleb qui s'est refusé à l'aller visiter dans sa prison, lorsque je lui en offrais les moyens! »

Et sur deux terrasses différentes, le *général en chef* et *l'intendant civil*, ramenant de la mer leurs regards l'un sur l'autre, protégés dans ce malveillant examen, par la distance qui les séparait.

« C'est bien, mon général, pensait l'intendant, vous avez tranché du maître; vous avez arrêté, emprisonné, garrotté un agent civil, sans ma participation; peu s'en fallait que je ne misse pas ma signature sur l'ordre d'embarquement!... *Vous venez ici pour guigner des affaires de sacs*, et vous voulez vous réserver encore les affaires de corde, c'est bien; mais une bonne dépêche dénonce votre usurpation de pouvoir... et autre chose, au *roi* de la rue de Grenelle .. Patience, *nous mangerons cela froid...* »

Et, par forme d'échange, le général-gouverneur lançait tout bas ces mots, avec la fumée de sa pipe :

« Ah! M. l'intendant, à peine arrivé, déjà des tracasseries!... *J'oublie*, dites-vous, que *vous êtes un conseiller d'état de l'empire*? pardieu! j'en étais un des ministres; l'un vaut bien l'autre... Mais prouvez-moi, une bonne fois, que nous ne pouvons pas marcher ensemble, ou tout au moins vous derrière, moi devant, *et je vous embarque.* »

La belle frégate *la Victoire*, (ci-devant *Duchesse de Berri*) obéissant à la roue du timonier, paravira, se balança gracieusement de l'avant à l'arrière, et après un léger frémissement prit sa course, livrant au nord d'ouest ses voiles de perroquet et sa misaine amurée.

« Eliézer, ne l'as-tu pas entendu dire sur môle qu'il reviendrait ? » dit Johane à son frère ; et la pauvre enfant s'affaissa dans les bras de sa sœur.

« Il m'échappe ! » crièrent ensemble Sidi Taleb et Barsia.

* * * * * * * * * * * * * * * * * * * *

« Sidi Taleb est votre parent » avait dit le duc de Rovigo à l'aga de *Coléha* ; — je vous confie ces femmes, veillez sur elles, protégez-les, donnez-leur asile dans votre harem, vous m'en répondez... »

A une journée et demie d'Alger, une petite caravane, masquée depuis environ cent pas par une haie de raquettes, s'arrêtait devant un caravenserai d'assez mauvaise apparence, et pouvant prêter à la description classique des hôtelleries suspectes, mais inévitables pour le voyageur à qui il importerait de ne pas faire de mauvaises rencontres.

Cette caravane était composée de quatre mules montées par trois femmes voilées et l'aga; elle était escortée par douze Arabes à cheval.

« Glorieux fils du Prophète, dit le maître de l'hôtellerie, j'ai un bien modeste logis à t'offrir, à tes femmes une chambre, et à toi, si c'est ton désir de dormir seul, la terrasse de ma maison.

— Dieu est grand! » répondit l'aga. Après cette exclamation qui exprimait une philosophie calme et résignée, le chef militaire de Coléha ajouta : « Quoi! pas une chambre sur la galerie ?

« Une seule, occupée depuis ce matin par un vieux *scheïk* malade... et maintenant endormi.

« — Qu'il dorme... de la terrasse je veillerai sur ces femmes. »

Il s'endormit. Cependant la nuit allait faire place au jour, et trois personnes veillaient seules dans le caravenserai : le maître de l'hôtellerie, le vieux scheïk, malade, une vieille négresse arrivée depuis un instant au milieu des Arabes de l'escorte. Elle venait de bien loin, à pied ; et haletante, baignée de sueur, accablée de fatigue, voyant tous ces hommes plongés dans le sommeil, elle s'assit pour prendre du repos. Mais ses yeux, quoiqu'échauffés par les chaleurs du jour, les sables et les insectes voltigeant dans les chemins, ne se fermèrent point.

« C'est bien, se dit-elle, Fatma est là-haut... Pauvre enfant, elle a deux jours de marche devant Sidi Taleb, qui ne doit, m'a dit Simon Barsia, quitter Alger que ce soir... Maintenant, vienne Sidi Taleb... je défendrai la gazelle confiée à la garde de la lionne. »

Elle s'accouda sur ses genoux et pensa.

La porte de l'appartement des Mauresques était ouverte; la respiration forte et sifflante d'une personne, assise sur une peau de mouton, aux pieds des trois femmes, était le seul bruit que l'on entendît : bruit qui dura, sans autre incident, l'espace d'un quart-d'heure.

Tout à coup, le clapotement d'une goutte d'eau, tombant sur la dalle en marbre de la cour, produisit un son aigre et régulier qui, dans les oreilles de l'homme éveillé, eut sans doute un violent retentissement, car il se leva pour en chercher la cause; il l'eut bientôt comprise : le pavé de la chambre et de la galerie formait un plan incliné, et de l'eau ou du sang répandus, devait s'écouler ainsi.

Il retourna s'accroupir au chevet de l'une des Mauresques, inclina sa tête de manière à effleurer de sa barbe le visage de la femme endormie, étouffa un rire accompagné d'un claquement de dents; puis tirant quelque chose d'un sac, plaça front contre front, bouche contre bouche, une tête à côté de l'autre tête.

« Réveille-toi donc, Fatma, — dit-il à voix basse, — réveille-toi, *Soliman* t'embrasse ! »

Elle se réveilla en effet; comme il arrive souvent dans ces sommeils qui surprennent les grandes douleurs, elle songeait au bonheur et accomplit, en ouvrant ses yeux, l'idée qui charmait son rêve : sa bouche fit retentir un baiser sur la bouche qui glaçait ses lèvres; un murmure de syllabes formant le nom de *Robert Cowel*, se joignit au bruit d'un second baiser.

C'était le vieux scheïk qui visitait ces femmes; il allongea son bras, promena sa main à terre, rencontra ce qu'il cherchait... et presqu'en même temps, ce qui coulait de la galerie dans la cour redoubla son bruit.

« Allez, maintenant, dans le harem de l'aga, dit le scheïk en se relevant; *une heure de justice vaut soixante-dix jours de prières.* »

Il sortit de la chambre emportant son sac, descendit, gagna un petit hangar dépendant du caravenserai, rajusta la bride d'un cheval qui s'y trouvait, le monta, et, au moment où il quittait l'enceinte de l'hôtellerie, se trouvant alors au milieu de l'escorte, à dix pas de Cabalo, droite et regardant, — il cria en arabe, d'une voix de tonnerre :

« Bientôt le jour, en marche l'escorte !... en marche pour Coléha !... »

« — Sidi Taleb ! » cria la négresse,

« — Cabalo ! » répondit le cavalier, déguisé sous le vêtement d'un Cabaïle.

Il fouilla rapidement dans le sac.

« La reconnais-tu, Cabalo ? » demanda-t-il à travers un rire effrayant ; et, saisissant de son autre main un pistolet à sa ceinture, il fit feu en piquant son cheval : la négresse levait son bras armé d'un bâton ferré; ce bras fut cassé.

Aux hurlemens de Cabalo, au bruit du coup de pistolet, l'escorte se réveilla; l'aga descendit rapidement de la terrasse... Le jour paraissait... Les trois Mauresques n'offraient plus que trois cadavres *sans têtes* (1)!

(1) D'après les renseignemens venus d'Alger, presque tous les journaux de Paris regardèrent cette catastrophe comme vraie, et la publièrent. Cette opinion fut partagée dans la régence, et y produisit même une sensation aussi douloureuse que profonde.

Le sort des trois Mauresques m'inquiéta comme tout le monde. Je questionnai M. le duc de Rovigo qui s'appliqua à me prouver que sa confiance en l'aga de Coléha n'était point inconséquente, et n'avait point été trompée. Il m'affirma avoir envoyé à Coléha un Arabe dont on était sûr, pour s'informer de la vérité, et me donna à lire une lettre de l'aga, où ce chef protestait avec énergie contre la calomnie

« Dieu est grand ! et Mahomet est son prophète ! » dit l'homme chargé par le duc de Rovigo de protéger les femmes de Sidi Taleb.

qui l'accusait d'avoir livré les Mauresques à l'Algérien ; il ajoutait qu'elles étaient heureuses et en sûreté dans son harem, et qu'il les montrerait aux agens de l'autorité française, quand il en serait requis. — Il finissait par l'assurance d'une soumission inaltérable.

Je me rappelle parfaitement avoir demandé alors à M. de Rovigo, si l'Arabe qui certifiait que les Mauresques vivaient encore, les avait vues.

« — Non, » me répondit le duc.

Quoi qu'il en fût, les Européens résidant à Alger, connaissant l'habituelle perfidie des Maures, se rappelant leurs implacables ressentimens à l'endroit de l'honneur de leurs femmes, et sachant que le maître des trois Mauresques était parti pour les rejoindre à *Coléha*, où les Français ne pouvaient point aller, s'obstinèrent à croire (je ne sais sur quel autre indice plus significatif) que les têtes des trois femmes avaient été coupées.

Le nom de *Sidi Taleb* n'étant qu'imaginaire, le romancier a pu admettre pour vrai un fait que certifie la rumeur publique, et qui n'a été démenti par aucune dénégation authentique.

(*Note de l'Auteur.*)

L'Étuve et les Cartes.

Je me rappellerai toujours les idées romanesques et terribles que m'inspira l'intérieur des bains turcs (1) pendant la nuit. Après un vestibule sombre, vous pénétrez dans une vaste chambre, espèce de cour plafonnée, sur deux côtés de laquelle règne

(1) Je veux parler de ceux de la rue de l'*Intendance*. (*Note de l'Auteur.*)

une galerie en planches, fermée par des colonettes en bois, et tapissée par des nattes; — des marches y conduisent.

Le bas-fond de cette chambre est pavé de marbre; au milieu s'élève une fontaine à jet d'eau, également en marbre, et dont le bassin est soutenu par un *torse* sculpté; autour de cette fontaine, qui jette sans interruption de l'eau presque bouillante, six Nègresses demi-nues, criant, riant, chantant: elles lavent les aïks blancs qui servent aux baigneurs, et la mousse du savon, roulant en flocons de neige sur leur chair d'un noir d'ébène, ajoute à l'étrange aspect de leurs figures, éclairées par le feu rouge d'une lampe accrochée au mur; sur la galerie, étendus, enveloppés dans des beurnous blancs, des mozabi, préposés au service des bains; une porte battante conduit dans un entre-porte sombre, et de là, dans l'étuve, grande pièce dallée en marbre, et de forme octogone; au milieu, autour d'un pillier, règne un banc de pierre; une lampe à deux becs tombe de la voûte; sur quatre côtés de la pièce sont placés des robinets : du reste, aucun accessoire qui parle à l'imagination. Mais entrez dans l'étuve la nuit, à l'heure où l'esprit, luttant contre le sommeil, a perdu sa netteté pour voir et penser : — vous êtes complètement nu, un mozabi vous a montré le chemin, vous restez seul; la chaleur vous pénètre et vous oppresse, la lumière de tombeau qui vous éclaire est ternie par la vapeur..... le mozabi, à la chair de *sang-mêlé*, entre demi-nu, vient s'asseoir près de vous, et de sa main calleuse presse vos chairs et les mâsse : lorsqu'il juge que les pores sont ouverts, que la vapeur agit sur votre corps, il vous fait signe d'aller vous étendre sur la dalle, au-dessous d'un des robinets..... le lieu où vous êtes figure admirablement la salle des morts de nos hôpitaux; vous vous étendez, vous, vivant, sur la dalle, et cette noire figure qui vient s'accroupir à vos côtés, c'est le diable ou la mort : — en ce moment, vous croyez à l'un, et vous pouvez craindre l'autre, car je vous suppose Français, et entre les mains d'un de ces mozabis qui étaient accusés d'avoir prémédité le massacre général. Pendant sa dégoûtante opération de propreté, le baigneur chante; il psalmodie lentement, sans mesure, sans cadences, d'une voix sans timbre, mais criarde; encore, si le *gasaph*, l'*arabebbah*, le *vebeb* et le *taun* accompagnaient la voix, ce serait un charivari, vous pourriez rire; mais non, la psalmodie, rien qu'elle; et votre oreille, cruellement complaisante, peut vous rendre facilement l'intonation du *de profundis !*.....

Simon Barsia, *homme-nocturne*, on peut le dire, venait d'entrer dans les bains turcs; il était une heure du matin. Sa présence dans la chambre de la fontaine avait tout à coup fait cesser les ris et les bavardages des six négresses; une d'elles sortit, les autres lavèrent en silence; un mozabi couché sur la galerie leva la tête, dit *allah!* le Maltais répondit *amen*, en riant. Déshabillé, il passa dans l'étuve; sa station sur le banc fut longue : il se leva pour appeler, et allait saisir le bouton de la porte, il entendit le râlement d'un puissant verrou qui se tirait sur une autre porte, celle de l'étuve s'ouvrit.

« Cabalo ! » cria-t-il en se reculant.

« Cabalo ! » répondit la vieille négresse, bien plus vieille encore depuis sa blessure. Elle portait un bras en écharpe, sa tête était nue, ses cheveux gris et blancs, longtemps rasés, étaient touffus, quoique peu longs, et tombaient, crinière étrange, sur des épaules charpentées d'une façon toute virile; car, débarrassée du long aïk, Cabalo n'avait conservé pour vêtement qu'une longue jupe sans manches, soutenue par une ceinture au-dessous des seins. Son bras blessé était enveloppé et bridé par des attaches qui tournaient autour de son cou; l'autre bras, c'était le droit, était nu.

« Oui, Cabalo, Simon Barsia, » dit la hideuse gorgonne.

« Et que viens-tu faire ici?

— Te demander de me tirer les cartes.

— Es-tu folle! à cette place?

— A cette place.

— Je n'ai pas de cartes.

— J'en ai. » Elle fouilla dans une ouverture pratiquée à l'un des côtés de sa jupe, et retira en effet un jeu de cartes.

« Cabalo, reprit l'interprète, commençant à s'alarmer de cette bizarre apparition, Cabalo, tu as quelque mauvais dessein; prends garde, la justice de France ne t'arracherait ni le nez ni les oreilles pour avoir suscité des maléfices à Barsia; non, elle ne procède pas ainsi; mais, selon la faute, selon le crime, elle condamne à la prison ou à la mort.....

— C'est toi qui es fou de me parler de

justice de France, quand je te prie de me tirer les cartes.

— Mais à pareille heure, vieille tarentule?

— C'est l'heure des sorts.

— Dans un pareil lieu?

— Les sorciers de Tombouctou recherchaient toujours les trous dans la terre et les tombeaux.

— Cette étuve n'est point un tombeau.

— On meurt partout.

— Cabalo!

— Barsia?

— Voyons, ma bonne Cabalo, entendons-nous. Tu crois avoir quelque chose à me reprocher, tu m'accuses de quelque tort que je n'ai pas, et tu choisis ce mauvais moment pour me gronder; parle, ne dissimule pas ta pensée; parle, je suis sûr de te convaincre que tu es dans l'erreur.

— Simon, tire-moi les cartes, et le grand

jeu, entends-tu bien?... car je te paie; voici un boudjou, tu sais que je suis pauvre. »

L'interprète aurait bien voulu pouvoir lire sur la physionomie de Cabalo l'arrière-pensée qui la faisait agir; mais que lire sur ce noir et affreux visage, découpé par tant de rides, dont toutes les fibres détendues ou rompues laissaient les chairs sans mouvement et sans expression?

« Après tout, pensa aussitôt le Maltais, si la vieille s'est monté la tête aux vapeurs du rhum, elle est estropiée, je pourrai bien lui résister. »

Dès ce moment, feignant de regarder comme naturelle la demande de la négresse, affectant de ne laisser voir aucune défiance, il prit le jeu de carte.

« Allons, puisque la bonne Cabalo le veut absolument..... le grand jeu!

— A la bonne heure, Barsia. » Et la négresse s'assit sur le banc de manière à tenir l'interprète à sa droite.

« *Coupe*, Cabalo. » La négresse étendait sa main droite.

« Non, de la main gauche.

— Je ne puis pas, je suis blessée; mon bras ne peut se mouvoir.

— Alors, je ne te tirerai pas le grand jeu; il faut absolument la main gauche.

— Mais faute de bras?.....

— On renonce au grand jeu.

— Malin Barsia! » dit la négresse avec un rire effrayant; et, ouvrant l'écharpe en laine, elle en retira lentement son bras blessé;—la douleur dut être épouvantable, car deux grosses larmes jaillirent de ses yeux; ses narines se gonflèrent, les veines de son cou se tendirent; — mais, des trois doigts que les langes d'enveloppe lui laissaient à peu près libres, elle coupa le jeu de cartes.

« Bien, » dit Barsia, qui avait étudié cet accès de souffrance, et en aurait profité pour terrasser Cabalo, si, lorsque la pensée lui en vint, son lâche cœur n'eût aussitôt arrêté ses battemens.

« Que veux-tu savoir, Cabalo?

— Ai-je encore à couper?

— Oui, deux fois.

— Toujours de la main gauche?

— Une fois de la main droite, l'autre de la main gauche.

— C'est la torture, Simon Barsia! » dit la négresse laissant échapper un long bâillement; car son cœur défaillait, ses yeux s'ouvraient bien grands, l'*orbe* retourné cachait sa prunelle, — c'était une large tache d'un blanc livide sur un fond noir.

Barsia sourit.

« Méchant Barsia! » dit Cabalo sortant de cet éblouissement au moment où se contractait la lèvre moqueuse du Maltais.

« Continue, je couperai.

— Pauvre Cabalo!... que veux-tu savoir?

— Cinq février, devait partir d'Alger Sidi

Taleb..... je te l'ai demandé en pleurant, tu m'as dit : « Cinq février au soir. »

Le Maltais pâlit et se troubla.

« Eh bien ! Cabalo ?

— Il y a donc cinq jours seulement qu'il a dû quitter la ville...... Mon bon Barsia ! je viens te demander s'il a atteint l'escorte, et s'il tuera Fatma ? »

L'interprète se pencha en avant, au moins pour saisir dans le regard toute la portée de cette question : rien. Le regard était vitré, mais muet.

— Dépêche-toi, Barsia, je souffre !

— Coupe encore,... cette fois, de la main droite.

—Tant pis, j'eusse mieux aimé l'autre. »

Dans l'étroit espace entre ces deux étranges personnages, tous deux noyés dans les vapeurs de l'étuve, tous deux haletans, ruisselans de leur sueur infecte et corrosive, le Maltais étala ses lots de cartes, trois par trois, la face retournée. Il releva la première carte supérieure de chaque lot... « As de cœur, trois dames et un valet... le valet est bon, c'est l'aga; — l'as de cœur, pauvre Fatma! elle pense à ce Français! — Voyons encore; il reprit les paquets, les battit, les reforma, mais à face découverte : — « As de cœur, sept de trèfle, roi de cœur, valet de cœur, deux dames, couleur noire.. voici bien des chances! sept de trèfle, mauvais; roi de cœur et valet, diable, il y en a un de trop; deux dames seulement, il m'en manque une... mais voilà un as de cœur qui me rassure : voyons le grand tour.

— Fatma te manquait, n'est-il pas vrai, Barsia? » dit la pauvre vieille entraînée un instant en dehors de sa propre conviction, et suivant, fascinée, les yeux pleins de larmes, la carte menteuse du Maltais. Lui battant encore son jeu :

— « Coupe encore, Cabalo, de la main gauche, cette fois. » L'horrible douleur rappela la négresse à la vérité des événemens, à la violence de ses projets. Après avoir coupé, elle replaça son bras dans l'écharpe, parut soulagée par cet appui et reprendre un peu de force.

« Voilà Fatma ! » dit le Maltais en jetant une carte.

— Où ? cria la négresse en se levant ; — où ? Fatma ! ma Fatma, que j'ai vue naître, que j'ai bercée, que j'ai aimée, où est-elle ? Chère petite ! si mignonne, si jolie, que vingt fois j'ai voulu te voler et t'emporter dans le désert pour te voir à mon aise me sourire, et pour recevoir les caresses de tes si jolies petites mains !.. où es-tu ? » Elle marchait et regardait çà et là dans l'étuve en prononçant ces paroles.

— Mais le mozabi ne vient pas ! » dit le Maltais que la peur saisissait.

— Le mozabi ? qui te parle de lui ?... qu'a-t-il à faire ici ?... n'est-ce pas assez de moi ?... Fatma ! je te demande ma Fatma.

— La voici.

— Mais où donc, malheureux?

— Là... dans cette carte.

—Ah! » Et elle se rassit, mais les artères battant, l'œil en feu, tout le système nerveux dans un accès d'irritation. — Vivra-t-elle?

— Nous allons le voir;... valet de cœur, as de cœur, dix de cœur... elle vit! elle vit, Cabalo!

— Tu mens!

—Non, Cabalo; tiens, compte avec moi : une, deux, trois, quatre, cinq,— as de cœur; une, deux, trois, quatre, cinq, Fatma; une, deux... » Une main, une tenaille lui serrant la gorge, arrête le mot sur ses lèvres.

—Tu mens! » cria la négresse avec désespoir; « elle est morte, sa tête est coupée... et par Sidi Taleb qui ne devait partir que le cinq février, et cependant était arrivé au caravenserai de Ben-Ali, cinq heures avant elle! » D'une secousse, elle fit chanceler le Maltais, qui, n'étant plus retenu, tomba sur un de ses genoux.

La vieille négresse secoua sa tête monstrueuse, balança son bras droit, lui rendant l'énergie et l'élasticité d'un bras d'athlète.

— » Que t'ai-je dit, Simon Barsia, le jour de l'arrestation du Français? je t'ai dit ceci, en bon et franc espagnol : Il y a trahison dans cette affaire... c'est bien; mais si Fatma est en péril, si ma Fatma pleure, souffre et crie; je te poignarde !... si elle meurt; je te mange les entrailles : — et toi, entendant cela, tu as pâli. — Barsia; on meurt partout, et tu vas mourir dans l'étuve.

— « Moi! cria le Maltais, moi! » Et, se relevant d'un bond, il courut vers la porte; au moment où il la saisissait, une dague à lame fine clouait sa main sur le madrier. Son cri fut épouvantable.— Lequel des deux supplices choisir : celui de *Claude Frollo*, pendu par sa soutane déchirée, à l'extrémité d'une gouttière en plomb qui fléchit, et à cent pieds au-dessus du sol ; — celui du Maltais Simon Barsia, la main clouée à hauteur de sa tête, se sentant évanouir, s'affaissant sur lui-même, près de tomber et retenu par la dague : il ne put s'évanouir, la douleur était trop atroce.

La négresse sautait, et courait.

« L'espion du dey, l'espion des Français, l'assassin de Fatma, Simon Barsia, tire-moi les cartes ! » Elle ramassa le jeu, et le jeta à la figure du Maltais : « Ce sont tes jours qui s'envolent, Barsia... Voyons donc, assassin, comment te faire mourir ! » criait-elle en lui saisissant la main qui lui restait libre. Le malheureux interprète, dans un effort de courage et de désespoir, saisit avec ses dents le manche du stylet, arracha l'arme de la porte et de sa main.

« Tu mourras, un poignard dans les dents, Simon Barsia ;... cette lame qui te sort, c'est ta langue perfide et malfaisante... meurs, espion !... meurs, assassin !... Cabalo de Tombouctou venge sa Fatma . . . . , . . .
. . . . La lutte fut hor-

rible, mais dura peu. Cabalo retirant sa main droite du cou de Barsia, le corps tomba contre la porte; elle l'éloigna du pied, sortit, et appela deux négresses qui, avec l'aide d'une pince, enlevèrent une dalle de l'étuve... Il ne restait d'autre trace de Simon Barsia l'interprète, que du sang sur la porte et sur le pavé... il fut lavé.

Le Déserteur.

Après avoir étranglé Simon Barsia, après avoir plongé son cadavre dans un trou de trente pieds de profondeur, muré en citerne, et dont l'existence, échappée à la surveillance de la police française, restait connue seulement des mozabis et des négresses préposés aux bains, Cabalo s'était dirigée vers Babazoun. Le matin, à l'ouverture des portes, elle était sortie d'Alger, avait attendu la nuit pour dépasser nos avant-postes... et vingt-quatre heures encore écoulées, la malheureuse négresse, brûlée par la fièvre, souffrant horriblement de sa blessure, épuisée par la fatigue et la soif, sortait du milieu d'une flaque d'eau de la plaine de Mitidja où elle était restée accroupie tout le jour, afin de se soustraire, protégée par les roseaux, aux regards soupçonneux des Arabes. S'orientant sur *Bélida*, elle gravissait la base de la montagne, et allait entrer dans une gorge, lorsque le bruit, à peine distinct, d'une marche précipitée, mais légère, attira son attention, et éveilla son inquiétude. Etait-ce un chacal, une bête féroce, ou un agent de la police maure, ou tout bonnement un Cabaïle en course? Elle s'arrêta, afin de mieux écouter; elle entendit encore un instant un froissement d'herbes et de cailloux, puis n'entendit plus rien.

« Tu vas déterrer les morts, Cabalo? » cria tout à coup, en arabe, une voix qui retentissait au-dessus de la tête de la négesse. Elle plongea son regard dans l'obscurité, et distingua à sa droite, sur la sommité d'une roche qui formait le revers de la gorge, une ombre blanche.

« Non, répondit-elle avec assurance, Cabalo ne va pas déterrer les morts... Mais la vieille Cabalo est bien malade; elle est brisée, et, pour mourir en paix, elle va faire son trou dans la montagne. »

L'ombre s'agita, changea de place, et bientôt se trouva près de Cabalo.

« Où vas-tu? demanda la vieille femme.
— A Bélida.
— D'où viens-tu?
— D'Alger.
— Tu me suivais?
— Non, je me cachais.

— Pourquoi?

— Je déserte, — et toi, tu te cachais aussi; je t'ai reconnue à la chute du jour, au moment où tu sortais de la plaine.

— Moi, j'ai tué un Maltais.

— Ah!... tué, Cabalo?

—Etranglé avec une seule main, car mon bras gauche est cassé. »

L'Arabe jeta dans le silence son rire guttural, puis il se tut, continuant sa marche aux côtés de la négresse. Celle-ci, défiante comme le sont les coupables, comme le sont aussi les races ignorantes, livrées encore à un instinct sauvage, comprimait sa respiration bruyante à cause de la fièvre, affermissait ses jambes chancelantes, contractait le bras qu'elle conservait libre et fort, et, l'ouïe et l'œil au guet, épiait le nouveau compagnon de sa route nocturne.

. . . .

Déserteur, — transfuge; ces deux mots ont une valeur bien différente.

Le langage usuel leur prête souvent, et à tort, la même acception. Le déserteur quitte son rang, fuit son drapeau; c'est une faute rigoureusement punie par les lois militaires; mais l'intention de cette faute ne va ordinairement pas plus loin que la faute elle-même : il a *déserté*, uniquement pour être libre, pour continuer à vivre comme Dieu l'a fait naître, pour ne pas s'attacher, esclave, à des devoirs, à un état dont l'utilité ne vient pas jusqu'à lui. Dans le droit commun, que le plus ignorant des hommes est en état de comprendre, il y a des interprétations capables de servir d'excuse, d'autorité même à la résistance aux lois.

L'enfant d'un village est appelé sous les drapeaux; il n'a pas lu la loi, il ne voit pas en face la nécessité politique qui l'oblige à obéir; il interroge ce qu'il voit, ce qu'il connaît, ce qu'il éprouve.... et le chaume où il est né frappe sa vue; — ses vieux parens y languissent; leur champ, qui n'a que son bras pour en assurer la culture, est là ; — l'instruction du prêtre de sa paroisse ou de sa tribu est tout entière dans sa pensée :

« *Tu nourriras ceux qui t'ont fait naître et
« t'ont nourri ; — tu soutiendras, par ton tra-
« vail, ceux qui auront soutenu tes premiers
« pas, — tu fermeras les yeux à ceux qui
« auront ouvert les tiens.* »

Cependant il part, il quitte ses vieux parens, le champ qui les nourrit, le vieux chaume qui l'a vu naître, et se voit infidèle aux instructions du pasteur de son hameau : il part, parce que la loi qu'il ne connaît point se manifeste à lui par la voix du recruteur qu'il n'a jamais vu, — mais qui lui commande ; il part !.... Mais, au premier souvenir trop cuisant, à la première larme trop brûlante, — au premier buisson, à la première faction de nuit, il jette là son arme, les insignes du soldat, et, presque sans vêtemens, sans un sou, sans pain, franchit en mendiant les cent lieues qui le séparent du clocher de son église; caché le jour comme une bête fauve, marchant la nuit comme un criminel; — et, *que bien, que mal*, il arrive au chaume paternel, — bon fils et *déserteur*.

Ne serait-ce pas plutôt la peur de l'ennemi, de la balle et de la mitraille qui l'aura fait fuir ainsi? — Non; en France, les Bas-Bretons et les Basques, qui deviennent, avec l'habitude des camps, les meilleurs soldats de nos armées, sont, à l'époque de leur recrutement, d'obstinés déserteurs.

J'ai vu, en 1812, dans le canton de *Pont-Croix*, un villageois qui, à lui seul, était plus terrible aux Anglais maraudant sur les plages du *Cap-Finistère*, que tous les gardes-côtes ensemble. Pendant les nuits sombres, les embarcations anglaises rangeaient fréquemment à la côte, dans la baie de Douarnenez; leurs équipages pillaient, incendiaient les hameaux du littoral; ce villageois, blotti dans une excavation de rocher, tantôt une massue ferrée à la main, tantôt armé d'un fusil, attendait, écoutait; — et quand la rame venait à battre le flot, lorsque le léger choc des fusils, le chuchottement des voix parvenaient à son oreille,— il se levait alors, poussait un effroyable cri; et de sa balle, puis de sa crosse ou de sa massue, il abattait au moins trois Anglais : — le reste, épouvanté, fuyait et se rembarquait; cet homme avait *déserté* trois fois.

Il existe encore, dans la vie civile, une espèce de déserteurs que la nature de leur désertion rejetterait sous le stigmate du transfuge et du traître, si l'athéisme politique n'eût créé des indulgences pour ces parjures. On a vu de ces hommes se chaperonner du mot *défection*, comme d'autres gens prendraient pour devise : *fidélité*. C'est aux vices de notre époque toute spéculative qu'il faut demander la cause de ces défections honteuses dans les partis.

Quant aux transfuges !

Les transfuges, les hommes qui ont fui leur drapeau national pour s'abriter sous les drapeaux de l'ennemi, sont les plus misérables des hommes, car l'infamie qui les enveloppe ne les protège pas contre la défiance qui les surveille; c'est toute honte et tout malheur pour eux; et si leur importance vaut un souvenir, il leur est assuré sur le pilori de l'histoire.

Dans tous les temps, en tout pays, les transfuges furent châtiés par le mépris, quand ils ne purent l'être par la vengeance ; mais, chez les peuples que n'a point encore vernissés la civilisation, il existe contre tous les genres d'apostasie, contre tous les transfuges, une haine qui rarement permet même un droit d'asile. Ainsi, les Arabes, dont le levain n'est point éventé par des maximes corrompues, ont un fanatisme de fidélité qui tue, à l'égal de leur fanatisme religieux.

Pendant mon séjour en Afrique, des soldats de notre légion étrangère quittèrent le drapeau de la France pour vivre de pillage au milieu des Arabes; ceux-ci, après les avoir mutilés, massacrés, rejetèrent leurs débris dans les lignes du camp français.

Mon imagination s'épouvante encore au souvenir de l'horrible spectacle qui, un jour, frappa ma vue devant la caserne des *Arabes-Zoaves* d'Alger. Ce quartier militaire est situé en dehors de la ville, non loin de la porte *Babazoun*, dans le faubourg de ce nom, dont l'unique rue se prolonge jusqu'à un chemin longeant la plage basse et sablonneuse de la mer.

Une douzaine d'Arabes de la tribu des Cabaïles, groupés sur mon passage, arrêtèrent ma marche, et les éclats effrayans de leur rire guttural attirant mon attention, je suivis leurs regards, dirigés, avec une inconcevable expression de férocité, vers un objet élevé.—Deux têtes d'hommes, clouées par les oreilles, sur la grande porte d'entrée du quartier; têtes horribles, têtes coupées vivantes, exprimant la rage de la peur et de l'agonie, et laissant tomber goutte à goutte de leur nez, de leur bouche et de leur cou, tranché à vif, un sang noir et épais.

« *La justice française et la justice arabe,* » me dit le chef d'escadron de *Zoaves*.

« Justice arabe, — possible, lui répondis-je; mais justice française! ajoutai-je sur le ton du reproche.

« Justice française et justice arabe, » répéta, avec le calme le plus parfait, le commandant *Marey*, dans le logement duquel je me rendais. Ce logement est situé dans l'intérieur du quartier. Un mauvais escalier découvert, de douze marches en pierres non cimentées, conduit à une terrasse longeant le carré des bâtimens de la caserne, et faisant face à la rue du faubourg;

au niveau de cette terrasse, une espèce de galerie ouverte, à plusieurs portes; l'une d'elles, voisine de l'escalier, s'ouvrait sur le logement de M. Marey. D'abord, une petite antichambre, dont les murs blanchis à la chaux étaient tapissés de cordes, de bâtons, d'une forte traverse ronde; — le tout taché de sang, et indiquant les instrumens *disciplinaires* destinés aux Arabes.

« Jamais, me dit le commandant, un Arabe ne pénètre dans ma chambre avant d'avoir passé quelques minutes d'attente dans cette pièce. Il se rappelle, en regardant la muraille, que le châtiment suit la faute; et j'ai plus de foi dans cette réflexion intuitive, que dans l'effet religieux d'un verset du Koran. »

La chambre du commandant offrait moins le désordre d'un appartement de garçon, que le témoignage de l'insouciance d'un Arabe : — des armes en grande quantité, et de grand prix, étaient suspendues dans toute la longueur de la pièce : poignards, fusils, yatagans, handjars, pistolets, javelots, — tout un arsenal; — un petit divan, orné de coussins maures; — une table de bois blanc, couverte d'un tapis turc laminé d'or, et chargée de papiers, de livres, de pipes, de cigares, de chapelets turcs en feuilles de rose, un Koran, et quelques ouvrages arabes; — çà et là, des chaussures, des éperons arabes, des pipes de toutes grandeurs;—à un porte-manteau, les ajustemens de plusieurs costumes très-riches de l'officier zoave; — puis, des beurnous noirs, blancs et rouges;—et, pour vous saisir à la gorge et au cerveau, une atmosphère chargée des vapeurs enivrantes du tabac turc.

Le commandant Marey, avec sa belle et noble tête, — sa longue barbe tombant sur sa poitrine, son regard calme et sévère, le maintien grave de sa physionomie qui, dans la gaîté même, ne laissait voir qu'un demi-sourire, — me fit complètement illusion (1).

Pendant la conversation, le commandant me parla des déserteurs : « mille fois plus

(1) Depuis que cette page est écrite, une mesure aussi injuste que maladroite a été prise à l'égard de M. le commandant Marey. Cet officier, toujours chef de l'escadron des *Zoaves*, a dû quitter le costume arabe, et prendre l'uniforme du premier régiment des chasseurs d'Afrique auquel il appartient. Sans doute, l'influence de M. Marey sur ses soldats, lui est acquise; sous le *camchka* comme sous le *turban*, il saura se faire respecter et obéir; il saura faire preuve de cette formidable bravoure qui a rendu son nom si célèbre parmi les tribus de la montagne. Mais ce qui, dans cet homme, parlait aux yeux des farouches Africains a disparu; cette nature, si semblable à eux, a perdu sa conformité apparente : il faut désormais qu'il parle ou frappe de son sabre pour se faire reconnaître.

Quelle que soit la réelle puissance de la nature morale d'un homme, il faut encore, pour qu'elle conserve toute son autorité, que l'*organisation* exté-

dangereux, — me dit-il, — que les transfuges imbéciles qui, dans l'impossibilité de s'attacher à un drapeau, et dans l'espoir du pillage, vont mendier une courte frater-

rieure qui s'est fait connaître avec cette nature, soit conservée.

La création du corps des Zoaves, due au célèbre maréchal Clausel, est une idée heureuse et utile ; il était rationnel de penser que les tribus qui, depuis tant de siècles, frémissaient à la vue du turban, reverraient avec un effroi salutaire ces mêmes turbans, ces mêmes sabres éclairer les marches de nos soldats. Le chef de cette troupe en devait porter le costume ; à plus forte raison, — lorsque, par un inconcevable hasard, il était aussi *militairement Arabe* que M. Marey.

Je suis assuré que des exigences de service n'ont point nécessité cette inconséquente mesure de franciser le chef des Zoaves ; il n'a pu venir à l'idée que cet officier voulût s'arroger les priviléges et l'indépendance relative d'un chef de corps : car j'ai eu le bonheur de vivre dans l'intimité du brave colonel baron de *Schauenbourg* et de M. Marey, et à aucun

nité chez les tribus arabes, qui bientôt se chargent elles-mêmes d'exécuter les lois françaises. Il arrive assez souvent que des désertions ont lieu parmi les Arabes *équipés à leurs frais* que je commande; ceux-ci, alors, partent avec armes et bagages, ce qui leur donne un mérite de plus dans la montagne, et ajoute à la mésestime qu'ils inspirent contre le nom français. Un exemple doit enfin avoir lieu : l'un de ces Zoaves a déserté il y a quelques jours, pour ne pas embarrasser sa fuite, ni l'enlèvement de son cheval, objet le plus précieux qu'il possède, il a laissé derrière lui sa femme,

autre chef d'escadron plus qu'à celui-ci, je n'ai vu un respect plus vrai, une soumission plus entière à l'égard du colonel.

L'un des membres les plus distingués de notre opposition parlementaire, M. Arago, me dit un jour qu'il y aurait justice et raison à nommer M. Marey *aga des Arabes:* je fais le vœu que cette idée se réalise.

(*Note de l'Auteur.*)

la plus belle Mauresque que j'aie encore vue, — maintenant en prison dans la Cassaba.

« Il a été convenu avec le général en chef, qu'un autre Arabe, auquel pour une faute grave de service j'ai fait donner il y a quelque temps *cinquante* coups de bâton, *déserterait,* qu'il rejoindrait son camarade, trouverait le moyen de lui couper la tête, et la rapporterait à Alger. — Cent francs de récompense sont promis.

— *Ce n'est pas parce que je lui garde rancune, mais pour le bien de l'escadron, j'apporterai sa tête*, a répondu l'Arabe. — Et il est parti, nous laissant son cheval pour caution (1). »

. . . .

C'est le faux déserteur qui, la nuit, fit la rencontre de Cabalo.

(1) Ces détails m'ont été donnés par M. Marey lui-même.

(*Note de l'Auteur.*)

La Veillée.

A la porte d'une petite maison, située vers la sortie nord de *Bélida*, deux Arabes achevaient une conversation qui avait dû être mystérieuse, car leurs visages portaient l'empreinte d'une grave préoccupation.

« Vingt *dourous, Ben-Amin,* pour la tête de Moustapha !

— C'est bien, Hang-Zeb, et si tu m'en donnes cinq, Moustapha t'appartient. C'est mon cousin, n'importe, tue-le; quant à la négresse, son sang sera noir.

— Rouge, Ben-Amin, rouge; et l'argent qu'elle me rapportera d'un beau blanc de neige.

— Le prophète te soit en aide, Hang-Zeb ! »

Le soir, étaient réunis, dans une chambre de la maison de Ben-Amin, les déserteurs Hang-Zeb et Moustapha et leur hôte, tous trois assis sur des peaux de mouton, autour d'un fourneau en terre, sur les braises duquel chauffait le café. Une petite lampe était posée à terre et jetait bien peu de clarté. Pendant les premiers instans de la veillée, il y eut un long silence que troublait seulement un bruit semblable au froissement de coquilles de noix bien sèches : c'était Cabalo, couchée dans un coin de la chambre, et en proie à une fièvre de frisson presque convulsive; ses dents claquaient horriblement, sa poitrine sifflait et râlait, l'inflammation de sa blessure, toujours croissante, lui suscitait des douleurs sourdes, mais poignantes, qui lui arrachaient des cris aigres, à demi comprimés.

« La hyenne s'endort, » dit enfin Moustapha.

— Non, — répondit-elle, non, je vous regarde, car quand je ferme les yeux, je vois toutes sortes d'objets affreux qui me font peur.

— Elle rêve, reprit Moustapha, — et je n'irai pas la réveiller.

— Autant vaudrait aller chercher ta femme, » dit Hang-Zeb.

— Ma femme !.... Le déserteur posa sa pipe sur ses genoux, passa ses mains sur ses yeux, comme si une lueur subite les eût éblouis. — Ma femme !... Kamo est avec moi, le bon Kamo, qui, à la bataille de *Staoueli* m'a sauvé deux fois la vie.... Ma femme! elle reviendra peut-être....

— Non, elle est prisonnière, enfermée dans la Cassaba.

— Enfermée, Hang-Zeb!

— Oh! mais la tête sur les épaules, bien portante, bien soignée... Les Français sont humains!

— Et voleurs!... » interrompit brusquement le maître de la maison. « Ils disaient qu'ils avaient à venger leur honneur en venant attaquer Alger.... et ils ont achevé de le perdre après nous avoir vaincus.... De l'or! toujours de l'or à ces Français! du pillage!... Ils ne trouvent point d'or? des terres, des maisons, du marbre... Le marbre est lourd? ils le cassent, ils le brisent, ils démolissent et ils emportent... Moi, — continua Ben-Amin en montant les tons de sa voix, — je déteste les Français! ils sont chrétiens, ils sont voleurs!... Hampden

Ben-Amin-Secca n'a-t-il pas été des leurs ? ne l'ont-ils pas nommé aga ?... pour mieux le piller !... Il lui prennent ses maisons, l'une d'elle renfermée dans un trou. Le trou est vide, Hampden Ben-Amin-Secca est pauvre !.... Oh ! les Français ! ils ont tué mon frère !... »

Ben-Amin s'arrêta court, son regard farouche et plein de larmes erra sur les deux déserteurs.

— Ils ont tué ton frère, dit Hang-Zeb, mais ils rendront à Moustapha sa femme, habillée en Française.

— Le prophète torde la langue à Hang-Zeb, s'il dit cela pour m'insulter !

— Allons, déserteurs, dit gravement Ben-Amin, soyez bons parens sous le toit d'un ami... Hang-Zeb, avant la conquête, tu racontais de belles histoires... Voyons, dis-nous une *fable*, chante-nous des *vers*...

— Je vais vous dire une histoire, » répondit le faux déserteur. « Cabalo, finis ton rêve, » cria-t-il à la négresse, qui gémissait et criait.

— J'écoute, répondit la pauvre femme en tournant sa tête monstrueuse vers les trois Arabes.

« Ben-Marabet était de *Tlemsen*, qui est à la frontière ouest de notre régence, et à cinquante-quatre milles nord-est d'Oran. Ben-Marabet avait pendant quinze ans de sa vie fait des courses sur les bâtimens de guerre de notre marine; — il avait souvent débarqué, il avait aimé des chrétiennes, et avait rapporté de ses excursions sciences et amour d'Europe, de quoi perdre sa part entière du paradis que le prophète destine à ses bons serviteurs. Il n'était bruit dans *Tlemsen* que de la maison de Ben-Marabet, située à la sortie nord de la ville : on y entendait une musique extraordinaire; on affirmait que les appartemens étaient ornés de peintures faites par Ben-Marabet lui-même, que tout ce que le Koran défend, Ben-Marabet le pratiquait; mais il était bien riche! auprès du dey de ce temps-là; il payait de nombreux amis, et conservait à prix d'or la sécurité que l'on aurait arrachée à un malheureux, moins coupable que lui. Dieu le regardait faire!

« Un jour, la fille d'un vieillard de *Tlemsen*, Ben-Zamoun, qui avait fait le grand pèlerinage, fut demandée en mariage par l'impie et voluptueux Ben-Marabet. Sa demande fut accueillie, et, vingt jours après, *Lalaï*, la plus belle des filles de *Tlemsen*, franchissait le seuil de la maison mystérieuse de son époux.

« Tout l'émut, tout l'étonna dans cette demeure; rien de ce qu'elle avait habitude de voir et de connaître ne s'offrit à ses regards; c'était, sous le ciel même où elle était née, un monde nouveau, des mœurs étranges, des usages inconnus..... L'amoureux Ben-Marabet suivait avec bonheur l'expression de cette surprise toujours croissante. Tout à coup Lalaï se prit à pleurer amèrement : cinq femmes venaient de lui apparaître, toutes les cinq bien belles, ayant les chairs blanches de l'Europe, le costume tentateur des odalisques.

« Lalaï, lui dit Ben-Marabet en la baisant au front, il y a entre toi et ces femmes la distance qui sépare les esclaves de la souveraine. »

« Elle continuait de pleurer; les cinq femmes prirent des instrumens de toutes les formes, et, ensemble, exécutèrent une musique qui n'arrêta pas les larmes de la nouvelle épouse, mais en adoucit le motif, et en même temps porta dans ses sens un trouble dont l'amour devait profiter.

»' Le jardin était illuminé; à l'extrémité d'une allée se trouvait une grotte, formée de roches en marbre, entourée de myrtes et d'orangers, tapissée de toutes les fleurs dont on dit que le sérail du calife *Omar* était rempli. L'intérieur de cette grotte était vaste, un large et moelleux divan régnait autour; une lampe d'argent, descendant de la voûte, l'éclairait de ses trois becs, mais n'y jetait qu'une clarté verte et rose, dont l'assemblage produisait un effet bizarre : des globes d'un cristal peint voilaient chaque foyer de lumière. Sur une table de marbre, des flacons remplis de vins précieux et de liqueurs, des assiettes de porcelaine de Chine remplies de fruits, de pâtisseries, de mets recherchés, et deux couverts préparés, annonçaient que dans ce lieu devait se faire le souper de la nuit des noces.

« Lalaï venait d'entrer sous une voûte de feuillage qui défendait l'approche de la grotte, et restait dans une obscurité complète, lorsque les belles esclaves l'entourant, lui ôtèrent rapidement, malgré ses cris et sa résistance, tous les vêtemens qui la couvraient, puis enveloppèrent son corps, parfait et virginal, d'un aïk de mousseline blanche, légère et transparente. Il lui fallut, à la pauvre épouse, sortir de dessous la feuillée ombreuse, et s'exposer dans ce costume inventé par la volupté, à la lumière mystérieuse de la lampe. Elle avait, en entrant, fermé ses yeux; lorsqu'elle les rouvrit, elle poussa un cri perçant, et tomba dans les bras des esclaves. En face d'elle, sur une vaste toile qui masquait tout le fond de la grotte, un tigre monstrueux était représenté, sa croupe recourbée, son ventre presque à terre, la tête penchée sur ses pates de devant étendues, les yeux au guet, la gueule béante, il semblait prêt à s'élancer. Ce *trompe-l'œil*, véritable chef-d'œuvre de l'art, était effrayant à voir; car l'artiste, ajoutant à la perfection anatomique du dessin, avait mis toute la magie des couleurs dans les yeux du tigre, et dans le gouffre de sa gueule altérée et béante.

« Cette bête féroce est mon ouvrage, disait Ben-Marabet à son épouse. — Enfant, ne crains rien, mes pinceaux ont tout fait.

« — Le tigre ! le tigre ! » criait Lalaï, cachant son visage avec ses mains.

« Ben-Marabet s'approcha du tableau, du doigt frappa la toile, et l'illusion cessa peu à peu dans l'esprit épouvanté de la fille de Ben-Zamoun. Lorsqu'elle eut retrouvé toute sa force et toute sa raison, elle céda à la main amoureuse de son mari, qui l'entraînait près d'un divan et de la table dressée.

« A l'amour ! » dit le jeune homme avec enthousiasme en versant du Malaga dans une grande coupe de cristal. — « Mahométans, chrétiens, juifs, bramistes, dévots de tous les cultes, dupes ou menteurs..... rien n'est vrai, si ce n'est l'amour ! » Et disant cela, le hardi Ben-Marabet soulevait le aïk de dessus les épaules de Lalaï, et tandis qu'il parlait et agissait ainsi, les cinq esclaves recommençaient à exécuter leur musique mélodieuse.

« O grand prophète ! s'écria Lalaï, je crois en toi ! cet homme blasphème.....

« — Cet homme t'adore, ma Lalaï! » interrompit le Maure en appuyant ses lèvres brûlantes sur l'épaule nue de la jeune femme.

« Le tigre! » s'écria-t-elle encore en se levant pour fuir.

« — Le tigre, enfant, le tigre? ne comprendras-tu jamais la puissance de la peinture?

« — Mais sa queue vient de battre son flanc !.....

« — Vision.

« — Mais son regard s'anime..... les lèvres de ses horribles mâchoires ont frémi.

» — Calme ce ridicule effroi. Veux-tu que ma main détruise ce qu'elle a pris tant de peine à créer?..... ce *handjar* va partager la tête du monstre..... Mais non, ma Lalaï, tu te reprocherais, plus tard, la destruction d'un ouvrage qu'en France même on regarde comme un chef-d'œuvre..... Un verre de Malaga encore, au dieu qui t'amène ici ! »

« Ben-Marabet, après avoir rempli son verre, qu'il tenait de la main gauche, étendit sa droite vers le tableau.

« — Vois, Lalaï, je caresse cette tête hideuse et menaçante. » Il retira vivement son bras en poussant un cri déchirant : sa main était coupée.

« Il se fit un épouvantable bruit dans la grotte.

« Au lever du jour, la fille de Ben-Zamoun, évanouie sur le seuil de sa maison, attirait les regards de la foule. Un derviche jeta sur son corps un beurnous noir; le cadi et des soldats pénétrèrent dans la demeure de Ben-Marabet; on arriva jusqu'à la grotte..... Beaucoup de sang sur le tapis qui recouvrait le pavé de marbre, les débris hachés, informes, de plusieurs cadavres,..... et, dans la toile du tableau qui avait représenté le tigre, un grand trou..... le tigre n'y était plus!..... »

En même temps que Hang-Zeb prononçait le dernier mot de cette légende arabe, il donna un violent coup de pied dans la lampe; et deux cris agonisans de deux voix mourantes succédèrent à un bruit sourd qui se fit dans la chambre de Ben-Amin. Celui-ci ramassa avec la pince de sa pipe un charbon ardent du fourneau renversé, chercha la lampe, la ralluma, et vit Hang-Zeb qui achevait de couper la tête de Cabalo; celle de Moustapha était aux pieds de Ben-Amin.

« Le déserteur est mort, cria l'assassin; l'argent français nous est dû!

— Cabalo, Moustapha, morts, plus de tête! Hang-Zeb a tué les déserteurs! Allah! Dieu est grand! »

Et Ben-Amin se laissa aller à un rire convulsif dont l'étrange caractère et la durée finirent par étonner.

« Mon *gazaph*, reprit Ben-Amin. — Il courut décrocher l'instrument. — Mon gazaph, vois-tu, Hang-Zeb, il a été crevé par une balle française, le jour où fut tué mon pauvre frère; et ce jour-là, je jurai que je ne le reprendrais pour chanter le vieil air de la tribu des Bérébères, que le jour où je tuerais de ma main un Français; un Français, là, devant moi, un Français à tuer à loisir, un Français à la place où tu es... Écoute le vieil air, je vais le chanter...

— Ben-Amin, interrompit l'assassin, lavons d'abord tout ce sang, mettons ces deux corps sous la terre, ces deux têtes dans mon sac.....

— Écoute ma chanson, te dis-je.

— Ben-Amin, je pars cette nuit même.

— Après m'avoir écouté.

— Tu mens donc à ton vœu, car il te reste le Français à tuer. »

Le rire de Ben-Amin recommença, convulsif et guttural, avec l'expression de plus en plus visible d'une colère sur le point d'éclater.

« Le Français à tuer, Hang-Zeb ? le Français, c'est toi.

— Moi, Ben-Amin! s'écria le faux déserteur.

— Tu marches sous le drapeau du Français, tu vis de son argent et de son pain, tu marches, tu trompes et tu assassines pour lui ; tu es Français, Hang-Zeb, mon vœu va s'accomplir : à mort !

— Ben-Amin !

— A mort, Hang-Zeb !..... »

La police maure arrêta, dans un marais qui avoisine Bélida, le fanatique Ben-Amin. Il fut amené à Alger, portant lui-même le sac où s'embrassaient, sanglantes, les têtes des deux parens.

Les trois têtes qui attiraient la foule devant le quartier des Arabes équipés à leur frais, c'étaient celles de Ben-Amin, Hang-Zeb et Moustapha.

La Mosquée.

On peut se rappeler le bulletin, non de grande armée, mais de religion, qui fut publié dans certains journaux de Paris, à l'occasion de l'inauguration de l'Église française à Alger. La ridicule emphase du style de ce bulletin révélait assez dans son rédacteur les mœurs de la restauration; il semblait, en vérité, que le sieur *Frayssinous*, encore pouvoir exécutif du culte *religion de l'État*, fût là pour récompenser tant de zèle, et que l'improbe piété de *Monsieur de Paris* n'eût plus qu'à s'enquérir d'une *châsse en argent* pour encourager la ferveur du nouvel intendant civil, ancien secrétaire de M. *de Latour-Maubourg*.

Quant aux esprits sérieux et de bonne foi, tenant fort peu de compte de la boursouflure des phrases et de l'empirisme des faits, ils apprécièrent, comme elle méritait de l'être, la pompe apostolique de la créature de M. *Soult;* et, après avoir fait justice de la forme, ils firent enquête sur le fonds. Ils se demandèrent si la pensée politique avait été bien servie par l'accomplissement de cet acte religieux; si la mosquée, devenue temple chrétien, était bien réellement l'œuvre d'une conquête morale, ou tout simplement d'une stipulation commerciale *onéreuse*, devant tourner plus au profit du *transforma-teur* du temple que du Dieu lui-même ; si, dans l'état actuel de ce pays (que les *actes publics* ne qualifient pas encore du titre de *colonie*), la dépense d'une *Église* ne figurerait pas au budget de l'État comme une charge prématurée.

L'homme n'est ni saint ni bête, mais le malheur veut que quiconque veut faire le saint fait la bête, a dit Pascal. Il y aurait mauvais goût peut-être à renvoyer cette citation au *censeur-rédacteur* du Moniteur algérien; pourtant ce que Pascal a dit, il l'a bien dit. Dans l'opinion de tout homme sage et ferme dans sa croyance en un Dieu, il faut contenir ces élans du catholicisme qui ont déjà tant coûté aux épargnes des peuples, à leur existence même! Le *discite pontifices in sancto quod fecit aurum,* de la satire II de *Perse,* ne promet pas au clergé de nos jours un enseignement profitable à son luxe et à sa vanité; et lorsque le bulletin de l'inauguration du temple nous représente les indigènes africains se groupant pieusement dans le saint lieu des hommes qu'ils appellent chiens de chrétiens dans toute la sincérité de leur cœur, on est tenté de penser que ce fait, cité avec une si bénigne ostentation, n'est qu'une *phrase d'auteur*, ou, s'il faut y croire absolument, on supposera dans la pensée du préfet apostolique d'Alger, cette exclamation du cardinal *Caraffe*, nonce du pape près de Henri II :

« *Quando quidem populus iste vult, decepi, decipiatur.* »

Insolente complaisance, qui se traduirait par ce court mais énergique dialogue entre le pape *Lambertini* et son cardinal *à latere*. Le pape apparaissant sur le balcon de la basilique de Saint-Pierre de Rome, et prêt à lancer dans l'espace la fameuse bénédiction *urbi et orbi*, s'arrêta, intimidé à l'aspect de l'immense multitude. — De quoi vit tout ce peuple? — Sainteté, vous voyez là un ramas de gens de tous états, qui ne peuvent vivre qu'en se trompant les uns les autres. — Puisque c'est ainsi, dit *Lambertini*, à nous seuls, trompons-les tous (1)..... *Benedicat vos.....* »

Certes, pour les Algériens ou Arabes, habitués à la simplicité du rite musulman, ce dut être un étrange coup d'œil que la cérémonie de notre messe solennelle, si contraire par sa pompe à l'esprit de l'Évangile et à la véritable religion du sublime inspiré dont on a fait le Christ. Les sectateurs de l'islamisme croient en un Dieu, ils sont sincères et fervens dans leur croyance; qu'ils durent trouver ridicule ou impie notre préfet apostolique tout chamarré d'or, garni de dentelles comme une femme, s'as-

(1) Come vivono? — Sua Santita, coglionando si gli uni colli altri. — Noi gli coglioneremo tutti. *Benedicat vos....*

(*Note de l'Auteur.*)

seyant près de l'autel sur un riche fauteuil, les pieds posés sur un carreau, ne se relevant que soutenu sous les aisselles par deux acolytes, recevant l'encens et l'adoration, et, à quinze pas de lui, son Dieu pendu à une croix ! Quel rôle joue ce prêtre ? Est-il homme, est-il Dieu pour s'asseoir ainsi dans le sanctuaire ? Il y a une phrase de saint Paul aux *Thessaloniciens* pour nos vaniteux officians : *Qui adversatur et extollitur supra omne quod dictiur Deus aut quod colitur, ita ut in templo Dei sedeat, ostendens se tanquam sit Deus.*

Le bulletin n'a pas dit si, pour compléter les fêtes du saint jour de l'inauguration et pour achever *l'émerveillement* des Arabes, on a chanté *vépres*, que Voltaire appelait avec raison le *grand opéra des cuisinières*.

J'ignore encore en quoi l'intérêt politique a pu profiter de cette somptueuse inauguration, mais je suis assuré que la pensée morale et religieuse subira une cuisante déception : le vide habituel du temple, demandé plus grand comme pour suffire aux cérémonies, prouvera aux dévots musulmans que notre religion parle encore à nos yeux, par la pompe de ses spectacles, mais ne dit plus rien à notre âme.

Chaque idée organique, aussi bien que chaque génération, a sa mission à remplir : « *Tu reculeras cette borne sur telle limite, puis tu laisseras faire à d'autres.* » L'idée du catholicisme, à la considérer même dans la simplicité de son essence, a accompli ce qui lui était prescrit de faire : depuis déjà bien long-temps, elle se débat dans sa caducité et son impuissance ; ceux qui vivent d'elle, l'ont tant polluée, l'ont prostituée de tant de manières, que l'exigence éclairée de notre âge lui demande en vain un point d'alliance avec la pensée nationale, un point de sympathie avec le progrès de l'entendement universel.

Le catholicisme naissant présida à une pensée de liberté; bientôt, manipulé par des hommes alternativement ambitieux ou timides, il travestit son formulaire et asservit sa doctrine à la domination de princes spirituels; par ceux-ci, la prostitution a achevé son œuvre.... Aujourd'hui, à l'œil nu, on ne voit plus dans ce vieux catholicisme qu'un culte d'idolâtrie, mettant le comble à ses travestissemens, par la consécration et l'exaltation d'un signe qui n'est pas même le signe réel dressé pour le martyre d'un grand homme sur le mont *Golgotha.*

La croix de la passion fut le TAU de l'alphabet hébreu ancien (T); la théorie de la croix adoptée par l'Église, repose uniquement sur la croix *grecque*, surtout sur la croix *latine* qui, ni l'une ni l'autre, ne furent pour rien dans le prétendu mystère de la mort de Jésus. Ce qui ne se retrouva dans aucun alphabet, chaque lettre de l'hébreu primitif renfermait une idée : la lettre *tau*, signalée par *Ezéchiel*, chap. ix, contenait l'idée complexe de la domination, de la propriété, de la force et de l'obéissance; les premiers Juifs, qui ne s'adressaient qu'à *Jéhovah*, puissance unique, n'existant *que pour eux seuls*, lui attribuèrent le signe du *tau* simple. Les chrétiens, par le besoin d'exprimer l'ajoutage de leurs mystères *trinité* et *rédemption*, augmentèrent le signe, et à force d'outrer la parabole, se rendirent coupables d'un odieux contresens, en attribuant l'emblême de la domination, de la propriété et de la force, au signe qui devait rappeler le sacrifice de la vie d'un juste.

Pour se donner le bénéfice du sens cabalistique renfermé dans un signe, l'Église chrétienne a donc menti à un fait, en dénaturant le signe réel de sa doctrine. (1)

(1) Je tiens (à cause du pénible souvenir d'un fait inique), je tiens à dire que, dans le temps même

Vous vouliez instruire les infidèles, et, comme aux temps des mensonges religieux, vous faisiez briller à leurs yeux une croix qui n'est pas même celle de votre Dieu !

Quoi qu'il en soit enfin, la croix *latine* étin-

où la *religion de la majorité des Français* était religion *de l'Etat*, et acquérait par ce titre la force d'absolutisme et de tyrannie, qui est l'essence de ceux qui l'exploitent, j'attaquai avec énergie, non seulement les crimes du clergé, mais le mensonge du *dogme*.

Lorsqu'en 1825 se discutait devant les chambres *la loi du sacrilége*, je publiai *Urbain Grandier*, *premier livre qui ait été fait* sur l'infortuné curé de Loudun; à propos de cette publication, je traînai dans le sang et dans la boue le *roi cardinal* et tous ses adhérens; acte de justice que je crus nécessaire pour faire contraste avec la loi en délibération.

A la fin de cette même année, au plus fort de la tourmente religieuse, je publiai une épître en vers contre le catholicisme et le clergé, que j'adressai à *M. François de Neuf-Château*. Cette épître me valut une réponse pleine de terreur de la part du vieil-

celle sous le dôme de la *Mosquée*, le minaret parle pour le Dieu des chrétiens, et le nouveau temple, s'il recueille un jour les ossemens de l'intendant civil, *son transformateur* aura peut-être, dans la suite des temps, la

lard chanté par Voltaire, — et une lettre bien honorable de la part de M. *Daru.*

Sous le ministère de feu M. de Martignac, voulant attaquer dans une brochure : *de la Manière d'assister les Condamnés à mort*, la tyrannie de *la religion de l'Etat* qui poursuivait de son obséquieux prosélitisme les condamnés à mort, j'obtins de M. *de Belleyme*, alors préfet de police, de descendre dans le cachot d'un condamné (Bélan, le charcutier) à son dernier jour; je continuai cette autopsie morale et ce douloureux examen sur cinq autres assassins. Les articles de la Gazette des Tribunaux qui rendirent compte de ces exécutions, font tellement foi de la tendance de mes principes, que l'abbé *Montès*, aumônier des prisons, exigea de M. Mangin, nouveau préfet de police (dont je n'avais d'ailleurs pas voulu solliciter directement l'autorisation, ayant eu recours pour cela à l'intervention de *M. Chauveau-la-*

célébrité de la fameuse *Kaaba*, sanctifiée par la pierre noire du tombeau *d'Ismaël*.

* * * * * * * * * * * * * * * * * * *

Jour pour jour, c'est une année après l'embarquement forcé de Robert-Cowel

Garde, de la Cour de cassation), M. Montès exigea, dis-je, que nul, à l'avenir, ne fût admis dans les cachots des condamnés à mort.

En 1826, je composai une pièce de vers, ayant pour titre *le Déiste*, et pour épigraphe cette phrase d'une préface de M. de Châteaubriand : *Je suis de la communion de tous les hommes qui se sont entendus d'un bout du monde à l'autre pour prier un seul Dieu!* J'adressai une copie de mon Déiste à l'auteur de cette épigraphe. Le jour même de mon envoi, comme je descendai sde chez *madame Récamier* (la gracieuse recluse de *l'Abbaye-aux-Bois*), je le rencontrai sur l'escalier. « Votre pièce de vers m'a fait un grand chagrin, me dit-il avec onction; je ne puis en accueillir les sentimens; je crois en *Jésus-Christ*, en la *Vierge Marie*, je crois en tous les *dogmes* et *miracles* de notre sainte religion... Vous m'avez bien affecté!... Au reste, venez me voir demain matin, nous causerons de cela. »

qu'eut lieu la consécration de la mosquée catholique. La *messe* était achevée, la foule s'était retirée, mais il semblait que les échos reconnaissans du saint lieu se plussent à répéter en accords vagues et moelleux les

Le lendemain, en présence de M. P**, son secrétaire, M. de Châteaubriand, me dit avec une intonation de voix fort singulière : *Parbleu! à vingt ans, à votre âge, j'étais, comme vous, un républicain bien conditionné, un athée de la première force!* Je me rappelle, répondis-je, que Voltaire a dit : Si vous appelé athée ceux qui ne croient *qu'en* Dieu, comment appellerez-vous ceux qui n'y croient pas?...

Si cet incident n'avait été rapporté, à peu de temps de là, par M. de Châteaubriand lui-même, et d'une manière désagréable, je ne le rapporterais pas ici.

Je pourrais ajouter à ces *précédens*, en citant un fragment de conversation que j'eus l'honneur d'avoir, le 30 *juin* 1830, avec *M. le duc d'Orléans*, mais la convenance me défend de m'armer de cette nouvelle preuve, sans l'autorisation *du Roi*.

Et cependant, malgré ces irrécusables témoignages, bien qu'il me soit prouvé par ma propre cons-

derniers sons de la musique militaire qui répondait au loin ; il se faisait dans ce temple, à peine chrétien, un sourd retentissement d'harmonie auquel les nuages embaumés de l'encens, roulant encore

cience que je m'animai toujours à une louable résistance contre tous les genres d'oppression, je n'oublierai jamais qu'un misérable, dont je n'ai pu savoir le nom, poussa l'audace et la stupidité de la calomnie jusqu'à insinuer aux membres de la *réunion insurrectionnelle* du 27 *juillet* au soir (1830), « que je devais être suspect, ayant été, dans les cachots, l'agent du parti jésuite ! »

Si, en dépit de ce calomniateur et de ceux qui l'ont pu croire, je n'eusse fait sérieusement mes preuves, dans un temps où il y avait péril à les faire, je croirais montrer un tardif et misérable courage, en m'exprimant comme je le fais aujourd'hui.

Après cela, qu'il soit permis à un homme qui ne tire et ne veut tirer bénéfice d'aucune *camaraderie*, de dire tout haut à ses amis comme à ses ennemis : *Voilà ce que je suis, voici ce que je ne suis pas.*

(Voir les Lettres à un Conseiller d'Etat.)

(*Note de l'Auteur.*)

sous les dômes, donnaient une valeur toute céleste. Plus personne dans la nef nouvelle. Un sacristain *nouveau-né* restait seul pour éteindre les cierges; sur les marches du chœur, une jeune fille, parfumée de sa dévotion virginale, pleurait et priait; elle avait été Juive; la veille encore, elle était cathécumène; en ce moment elle était néophyte et chrétienne.

Son baptême et son abjuration avaient fait le drame de l'inauguration : Juive, elle s'appelait Johane ; chrétienne, on la nommait *Jeanne-Cécile*. Un long voile noir, maintenu par une couronne de roses blanches, ondoyait autour de sa tête, suave de douleur et de piété, et attestait qu'un deuil lui avait permis le choix de son culte : en effet, Abraham le changeur était mort.

La gabare le Finistère, arrivée en rade pendant la nuit, n'avait pu débarquer ses passagers que dans le milieu de la journée. Presque tous, entendant la sainte rumeur de la ville, coururent à la nouvelle église. Un d'eux, jeune, curieux, prêt à admirer la beauté sous tous les voiles, dans tous les temples, s'avança, se pencha...

« Johana! » cria-t-il émerveillé.

— Robert Cowel! » cria Jeanne-Cécile éperdue.

Et la dévote, marchant sur ses genoux, joignant l'ingénuité de sa piété à l'énergie de son amour :

« Robert Cowel!... Dieu t'envoie, dit-elle avec la pureté d'accent d'une Française... Robert Cowel, c'est moi!... Je suis chrétienne!... pour te mériter, j'ai reçu le baptême... Je serais partie pour la France!.. Je suis riche! Mon père avait enfoui son or... ce qui m'en revient t'appartient!..... Cowel, ô le Dieu des chrétiens, comme il est juste! comme il est bon!... il t'amène aujourd'hui même ici! lorsque je lui répétais tout bas les vœux de mon baptême, mêlant ton nom à ma prière... Tu me reconnais bien, n'est-ce pas?... Et maintenant je serai ta femme!...

— Pauvre enfant! je suis marié. »

. . . .

Le premier service funèbre qui eut lieu dans la mosquée catholique fut célébré devant une bière surmontée d'une couronne de vierge : une chaîne de jeunes filles entourait le catafalque, comme pour empêcher aux pensées impures d'arriver jusqu'à la vierge morte, et sous le portique du temple, un groupe de femmes juives criait : *Johana!* en sanglotant, tandis que les chants de l'église répétaient le nom de *Jeanne-Cécile!*

FIN

siége de Toulon, que la mémoire la plus ingrate du village pouvait faire avec la même fidélité historique que le vieux militaire, tant il avait pris à tâche depuis vingt ans de le répéter avec assiduité et sans la plus légère variante ; le capitaine, de son côté, ne trouvait plus des charmes bien vifs dans un certain sujet d'entretien que M. le curé affectionnait, selon lui, outre mesure.

Ce sujet n'était point la littérature : le prêtre en parlait peu, mais toujours avec goût et agrément : ni l'histoire ; chacun appréciait, et le vieux militaire plus que personne, la solidité et l'étendue de son instruction, la justesse de ses vues, la finesse de ses aperçus : ce n'était pas la médecine, qu'il savait fort bien, mais qu'il se contentait d'exercer gratuitement et avec prudence :

On trouve chez les mêmes Éditeurs :

LE CENTENAIRE ;

PAR E. JOUY,

DE L'ACADÉMIE FRANÇAISE,

2 vol. in-8. Prix : 15 fr.

LES ROUERIES DE TRIALPH,

NOTRE CONTEMPORAIN AVANT SON SUICIDE ;

PAR LASSAILLY,

Un volume in-8. Prix : 12 francs.

AÎNÉE ET CADETTE ;

PAR AUGUSTE RICARD,

Quatre volumes in-12. Prix : 12 francs.

L'AUBERGE DES ADRETS,

MANUSCRIT DE ROBERT MACAIRE, TROUVÉ DANS LA POCHE DE SON AMI BERTRAND.

Quatre volumes in-12. Prix : 12 francs.

Sous presse :

LA DAME DU SACRÉ-CŒUR ;

PAR

M. MARTIAL DE LA ROCHEARNAULD.

2 vol. in-8. Prix : 15 fr.

www.ingramcontent.com/pod-product-compliance
Lightning Source LLC
Chambersburg PA
CBHW060609170426
43201CB00009B/956